FREDO FROTSCHER

Sachsen-Anhalts berühmte Liebespaare

TAUCHAER VERLAG

KURZWEILIGES Nr. 43

Frotscher, Fredo:
Sachsen-Anhalts berühmte Liebespaare / Fredo Frotscher
1. Aufl.-[Taucha]: Tauchaer Verlag, 2002
ISBN 3-89772-045-0

© 2002 by Tauchaer Verlag
Gestaltung: Helmut Selle
Herstellung:
Neumann & Nürnberger, Leipzig
Satz und Reproduktion:
XYZ-Satzstudio, Naumburg
Druck und Buchbinderei:
Westermann Druck Zwickau
Printed in Germany
ISBN 3-89772-045-0

INHALT

Vorwort 6

Lucas Cranach d. Ä. und Babara Brengbier
MITTELALTERLICHES
MULTITALENT 7

Thomas Müntzer und Ottilie von Gersen
AN DER SEITE
EINES »GOTTGESANDTEN« 15

Der Alte Dessauer und die Apothekerstochter
Anna Luise Föse
EIN HAUDEGEN MIT HERZ
UND SCHNAUZE 30

Georg Philipp Telemann und Louise Eberlin
KURZES GLÜCK 41

Fürst Leopold III. und zweimal L(o)uise
DAS PARADIES VON WÖRLITZ 47

Kurt Weill und Lotte Lenya
DIE DEN BROADWAY EROBERTEN 65

Quellenverzeichnis 80

Bildnachweis 80

VORWORT

Schaut man sich in der Vergangenheit nach Berühmtheiten um, so bleibt der erste Blick meist an den Männern haften. Und sucht man – wie im vorliegenden Fall – nach berühmten Liebespaaren, dann stehen die Frauen im Schatten ihrer Männer. Der Maler und Ratsherr Lucas Cranach d. Ä. lässt seine Barbara, der Theologe und Revoluzzer Thomas Müntzer seine Ottilie, der Alte Dessauer seine Luise, der Komponist Telemann seine Louise und Fürst Leopold Friedrich Franz seine Gemahlin Louise Henriette Wilhelmine im Schatten stehen. Eine Ausnahme in dieser Reihe machen lediglich der Komponist Kurt Weill und seine Lebens- und Künstlergefährtin Lotte Lenya.

Der zweite Blick allerdings löst jenen Schatten sehr oft auf. Und weibliche Konturen verstärken sich. Da erlebt man einen aufbrausenden, revoltierenden Thomas Müntzer, der vom stillen Mut seiner Ottilie gerührt wird. Da entdeckt man weiblichen Charme, Klugheit und Kraft in Gestalt des Bürgerfräuleins Luise Föse, welch selbige den verliebten fürstlichen Haudegen, den Alten Dessauer, zu zähmen im Stande ist. Und da verharrt man berührt beim Lesen des Telemannschen Abgesangs für seine geliebte, im Kindbett verschiedene Louise.

Auf den zweiten Blick also!

FREDO FROTSCHER

Lucas Cranach d.Ä. und Barbara Brengbier
MITTELALTERLICHES
MULTITALENT

So reich die bildkünstlerische Hinterlassenschaft des Wittenberger Malers und Kupferstechers Lucas Cranach d.Ä. ist, so wenig sicher belegt sind wichtige Lebensdaten wie Geburt und Vermählung mit Barbara Brengbier, der Tochter des Gothaer Bürgermeisters. »Gehandelt« werden die Jahre 1504, 1508/09 oder gar 1512. Um uns nicht in müßigen Spekulationen zu verlieren, folgen wir folgender Version …

Lucas Moller, geboren anno 1472 zu Kronach/Oberfranken, war bereits in jungen Jahren mit bildkünstlerischen Arbeiten in Kronach, der Veste Coburg und in Gotha beauftragt und wurde nach fünf Wanderjahren sesshaft. 1504 durch den sächsischen Kurfürsten Friedrich den Weisen zum Hofmaler gekürt, übersiedelte er nach Wittenberg. In den folgenden Jahren arbeitete er am Dreifaltigkeitsaltar für die Wittenberger Schlosskirche. Weitere Werke waren der Katharinenaltar in Pillnitz sowie der Torgauer Fürstenaltar.

Das Jahr 1508 sollte ein Einschnitt im Leben und Schaffen des Meisters werden. Schon am 6. Januar nämlich verlieh ihm Friedrich der Weise, sein Landesherr und Mäzen, den Wappenbrief, eine erbliche Urkunde, die ihn, seine (künftige) Familie und seine Nachkommen vornehmen Patriziergeschlechtern gleichstellte und den Geburtsnamen »Moller« durch den Künstlernamen »Lucas von Cranach« ersetzte. Nun konnte er heiraten. Seine zukünftige Braut kannte er von Gotha her: Barbara Brengbier, Tochter des Ratsherrn und Bürgermeisters, in dessen Haus er häufig verkehrte. Seine Braut war eine gute Partie. Nur war sie, als er sie kennen lernte, schon vergeben! Verlobt mit einem attraktiven und zudem wohlhabenden jungen Mann, der sich vom Hofschneider den Hochzeitsstaat bereits hatte bauen lassen, dann aber – kurz vor der Hochzeit – auf Schloss Grimmenstein vom Blitz erschlagen wurde. Ein Schicksalsschlag für die Braut, die um ihre große Liebe von Herzen trauerte. Nicht so Cranach, der Konkurrent. Er wartete einen gehörigen Zeitraum, um dann – da sie nun frei und ledig – um ihre Hand anzuhalten.

Wir wissen nicht, wie die Zeremonie im Einzelnen vonstatten ging. Aber wir kennen die damaligen rechtlichen Vorschriften. Sie schrieben den *Eheschluss* in exakt zu befolgenden *Schritten* vor. Diese Schritte waren Werbung, Eheberedung, Ehestiftung, Verlobung, Kopulation, Kirchgang und »Wirtschaft«. Der sechsunddreißigjährige Cranach wird getreu dem Spruch »Selbst ist der Mann« gehandelt, bei seinem künftigen Schwiegervater vorgesprochen und wohl auch die Eheberedung in eigener Regie geführt haben. Hierbei ging es um die von den Brauteltern in Aussicht gestellte Aussteuer, um vermögensrechtliche Absprachen wie die Erbfolge sowie die finanzielle und materielle Sicherstellung der Frau im Falle ihrer Witwenschaft. Daraufhin besiegelte der Notar die sogenannte Ehestiftung mit Dienstsiegel und Unterschrift. Nun erst trat die Braut, also Fräulein Barbara, in Erscheinung und Aktion. Natürlich hatte sie ihren Lucas schon vorher wissen lassen, dass er hoffen könne und dies auch ihren Eltern kundgetan. Nun aber, da der bürgerlich-rechtliche Rahmen stimmte, mussten sie ihre Gefühle nicht mehr vollends im Zaume halten. Konnten sich in der Öffentlichkeit zueinander bekennen. Nichtsdestotrotz war der Verlobungsstand ein verkappter Wartestand bis zum tatsächlich Beginn der ehelichen Lebensgemeinschaft. Eine »Teststrecke« zwischen Verlobung und Hochzeit, die sich bis zu einem Jahr erstrecken konnte. Ausgefüllt mit den Hochzeitsvorbereitungen. Der Auswahl, Fertigung, Anprobe, Begutachtung, Änderung und endlichen Abnahme und also Akzeptanz vor allem des Brautkleides und seiner unerlässlichen Accessoires durch ... natürlich: die Brautmutter. Der Wahl der gastlichen Stätte, der Speisen und Getränke (letzteres in Zuständigkeit des Brautvaters), der einzuladenden Gäste, unter denen kein wichtiger, einflussreicher und also hoch betuchter zu vergessen war. (Diesbezüglich wurden die Herren – Brautvater und Bräutigam – durchaus konsultiert.) Des wiederholt durchgespielten Arrangements der Sitzordnung, einer protokollarisch-kommunikativen Angelegenheit, die über Wohl und Wehe des Festes entscheiden konnte. Und schließlich der Einrichtung des künftigen gemeinsamen Heims, wofür der Bräutigam Lucas durchaus einstand. Er hatte da große Pläne. Unmittelbar vor dem großen Tag richtete sich aller Aufmerksamkeit auf den Höhepunkt, die *Kopulation,* welch selbige einen weniger voyeuristischen als vielmehr rituellen Charakter annahm. Besagte Kopulation hatte laut Tradition und also gewohnheitsmäßig an einem Dienstagabend stattzufinden – vor oder in der Kirche. Natürlich nicht wirklich und unter Beisein der Öffentlichkeit,

Lucas Cranach, der Ältere.

sondern rein symbolisch. Sie erfolgte in zwei Schritten: der Trauung durch den Geistlichen und dem symbolischen Beilager. Und dies allerdings mit öffentlicher Beteiligung. Einer Art überkommener prickelnder Volksbelustigung.

Nun endlich konnten sich die beiden Liebesleut', die Barbara und der Lucas, in aller Öffentlichkeit und mit dem Segen des Priesters zueinander bekennen. Der feierliche »Kirchgang« war ein Hin und ein Zurück, ein *Hin* vom Hochzeitshaus zur Kirche, in der die Brautleute eingesegnet wurden für ein liebendes und treues Miteinander, bis dass der Tod sie schiede, und ein *Zurück* von der Kirche zum Hochzeitshaus – mit dem kirchenglockenumläuteten Bad in der Menge. Dann ging's zur »Wirtschaft«, der zünftigen Feier im Hochzeitshaus mit der Überreichung der obligaten Hochzeitsgeschenke, mit vorgeschriebenen zeremoniellen Hochzeitstänzen und – von allen Geladenen genussvoll ausgekostet – dem Hochzeitsmahl, der ausgedehnten Bewirtung mit viel Speis und noch mehr Trank. Wenn der Bräutigam Lucas letzterem nicht gar zu anhaltend zugesprochen hat, kann er – nachdem sich der Trubel gelegt und die letzten Gäste entschwunden – seiner Barbara eine himmlische Hochzeitsnacht bereitet haben. Zumindest brauchte das *Beilager* nun keinen rein symbolischen Charakter mehr zu tragen.

In den folgenden Ehejahren erwies sich die Tragfähigkeit der Ehestiftung in der Tatsache, dass Cranach, je länger je lieber, als mittelalterliches Multitalent eine ausgesprochen gute Partie war für die Bürgermeisterstochter Barbara, geborene Brengbier. Ein Blick in die Wittenberger Rechnungsbücher öffnet diesbezüglich die Augen. Eine Eintragung aus dem Jahre 1510 verweist auf drei von Cranach erworbene Fuhren Ziegelsteine, zweifellos gedacht für den Bau des Eckhauses am Markt, Schlossstraße 1, das in seiner Größe und Stattlichkeit bald zu den zünftigsten Wittenberger Bürgerhäusern zählte. Schon 1513 ist er als zweifacher Hausbesitzer ausgewiesen in Gestalt des Grundstückes Marktplatz 3, das er zunächst nur gemietet hatte. Das dritte Grundstück, welches Cranach erwarb, Markt 4, beherbergte eine Apotheke. Anno 1520 erhielt Cranach das verbriefte Recht, jene Apotheke zu führen. Hinzu gesellten sich zwei weitere Häuser sowie ein Stück Land bei Rothemark, unweit Wittenbergs, so dass sich sein Grundbesitz im Jahre 1528 nach eigenen Angaben auf über viertausend Gulden belief. Damit war er der reichste Bürger Wittenbergs. Zum Vergleich sei Albrecht Dürer genannt, dessen Vermögen nach seinem Tode im selben Jahr auf 6800 Gulden geschätzt wurde.

Für Wohlstand und Ansehen Cranachs spricht auch die Tatsache, dass er der Stadt Wittenberg während eines Zeitraumes von dreißig Jahren als Ratsherr diente. Dreimal oblag ihm die Vertrauensposition eines Kämmerers, dreimal hintereinander wurde er gar mit dem Amt des Bürgermeisters betraut. Zweifellos haben diese Funktionen ganz wesentlich Anteil an gewissen Vorrechten. Darunter das Privileg, einen Buchverlag zu führen. Um das Neue Testament in einer Auflage von fünftausend Exemplaren auf den Markt zu bringen, bedurfte es des Kapitals zweier begüterter Künstler: des Hofmalers und des Goldschmieds. Cranachs Buchladen im Hause Marktplatz Nr. 3 hingegen florierte. Auch dank kurfürstlicher und herzoglicher Aufträge.

Der Ehe der Cranachs entsprossen fünf Kinder: zwei Knaben und drei Mädchen. Johann, der Erstgeborene, Lucas Cranach der Jüngere, Nachfolger des Vaters in Werkstatt und Ratsamt, sowie die Töchter Ursula, Barbara und Anna. Und Barbara, des

Babara als Abigal und Cranach als David. Holzschnitt 1509.

Meisters Weib und Mutter seiner Kinder? Sie herrschte, wie Schiller später glockendichtend fand, weise im häuslichen Kreise und lehret die Mädchen und wehret den Knaben und mehrt den Gewinn mit ordnendem Sinn ... So Barbara Cranach, geborene Brengbier. Sie führte den Hausstand des Meisters, sorgte sich mit Geschmack und Erfindungsreichtum um Ausstattung und häusliche Assecoires, um Blumenschmuck und wohlige Gerüche, um mundende Speisen und erfrischenden Trunk. Und sie war an der Seite ihres Mannes und Bürgermeisters als Gastgeberin bei Festen und Empfängen, bei Gespräch und Tanz. Und sie war Freund vieler seiner Freunde. Besonders wohl der beiden: des Doktor Martinus Luther und seiner Frau Katharina. Den er, Cranach, schon als Mönch in Kupfer gestochen und dessen Bildnis ihn nicht wieder los ließ. Und der auch Katharina, Luthers Frau, für die Nachwelt festgehalten. Sie, um die er zusammen mit seinem Freunde Luther geworben. Sie, der Barbara Cranach beistand, als Katharina – dem Kloster entflohen – sich in der weltlichen Welt zurechtfinden musste. Mit Barbaras Hilfe lernte Katharina, einen weltlichen Hausstand zu führen, nicht weit vom Cranachschen Haus. Beide Häuser verknüpften freundschaftliche Bande, wie sich die beiden Frauen nicht nur pro forma »Freundin« nannten. Zwischen den Luthers und den Cranachs stimmte es, gab es so etwas wie Seelenverwandtschaft. Cranach war Trauzeuge bei den Luthers, und Luther Taufpate bei den Cranachs ...

Thomas Müntzer und Ottilie von Gersen
AN DER SEITE
EINES »GOTTGESANDTEN«

WIE LUTHER fühlte sich auch Thomas Müntzer, Pfarrer und Bauernführer, als theologisch hoch gebildeter junger Magister, Mönch und Beichtvater an der Universität Halle bedrückt von den Dogmen der katholischen Kirche. Auch ihn quälten Zweifel bei der Auslegung des Evangeliums wie über die Rolle des Papstes als Konservator katholischer Machtansprüche. Nur ... hielt er es nie mit den Fürsten, der feudalen Obrigkeit, sondern mit dem gemeinen Mann. Ob 1520/21 als Pfarrer in Zwickau mit den dortigen Bergknappen und Tuchmachergesellen oder in Allstedt mit den Mansfelder Bergknappen. In jener Zeit bricht Müntzer mit dem kirchlichen Dualismus von irdischem Diesseits und himmlischem Jenseits. Für ihn existiert nur *eine* Welt, in der wir leben und in der des Gerechtigkeit für jedermann geben soll. Nach bewegten Wanderjahren, die ihn bis nach Prag führen, kollidiert er erstmals mit Luthers Schriftprinzip, dem er seinen auf soziale Veränderung zielenden Offenbarungsglauben gegenüberstellt. Seit seinem »Prager Aufruf« nennt er sich nicht mehr Magister, sondern unterzeichnet mit »nuntius christi, williger Botenjunge Gottes (Apostel), erster Knecht Gottes«. Und lebt als Zeichen für seine Berufung zum Propheten in entsagungsvoller Ärmlichkeit.

Ostern anno 1523 stellt der Allstedter Rat den Thomas Müntzer »versuchsweise« an der dortigen Jo-

Thomas Müntzer, Kupferstich von Christoph von Sichem.

hanniskirche an. Allstedt, verschlafenes Städtchen mit einigen Hundert Handwerkern und Ackerbürgern nahe dem Mansfelder Kupfererzbergwerk, soll zu einem Ort werden, an dem die Müntzerschen Ideen aufgehen. Seine Saat fällt auf fruchtbaren Boden, und selbst Haferitz, Müntzers Vorgänger im

Pfarramt, und der kurfürstliche Schlossverwalter Zeys erliegen seinem Einfluss. Immer unnachgiebiger setzt er sich über weltliche Regeln und kirchliche Dogmen hinweg und folgt einzig und allein seinem spiritualistischen Sendebewusstsein. Just um diese Zeit beginnender Sesshaftigkeit findet er ein Weib, das ihm bis zum bitteren Ende Lebens- und Leidensgefährtin wird: Ottilie von Gersen. Wie Katharina von Bora hat sie das Nonnengewand mit dem Hochzeitskleid getauscht und sich zu ihrem Thomas bekannt: dem Aufsässigen, Eigensinnigen, Andersdenkenden und anderes Wollenden als alle die anderen Priester. Gerade seine klare Sprache, die Tatsache, dass er noch *vor* Luther eine deutsche Liturgie schuf und die ganze Messe in deutscher Sprache zelebrierte, hatte sie für ihn eingenommen. Von seinen Predigten und Traktaten gar nicht zu reden. So ist sie der klösterlichen Enge entsprungen wie Katharina von Bora wenige Jahre zuvor und fühlt sich als Weib und Weggefährtin dem Manne verbunden, dem sie später die Regenbogenfahne sticken wird. Inzwischen guter Hoffnung, lebt sie mit ihrem Thomas in der engen Turmwohnung der Allstedter Wiprechtskirche, wo er – zurückgezogen und in gottnaher Stille – seine Predigten und Briefe bedenken und verfassen kann.

Ottilie ist außer Atem. Gerade hat sie einen Eimer mit frischem Wasser aus dem Brunnen die Stufen des Kirchturms nach oben geschleppt, als sie von unten lautes Klopfen vernimmt. Auch Müntzer hat es in seinem Studierstübchen vernommen und ruft, etwas unwirsch:

»Otti, hast du gehört?! Wer mag das schon wieder sein?«

»Sicher deine Anhänger! Jeden Tag werden's mehr!«

»Freu dich doch!«

»Tu ich auch. Aber trotzdem: Was zu viel ist, ist zu viel!«

Das Klopfen unten wird stärker, unnachgiebiger. Und Müntzer, der durch die Tür seines Stübchens tritt, fordert sie auf zu öffnen.

»Bin ja schon unten.«

Und Ottilie eilt federnden Schritts die Turmstufen nach unten. Er hört sie die knarrende Tür öffnen. Und Stimmen. Ihm wohl bekannte Stimmen. Sie gehören Veit, einem Bergknappen aus dem Mansfeldschen, Walter, einem hiesigen Bauern, und Lukas, einem Studenten aus Wittenberg. Er hört sie sagen:

»Könnt ihr nit Ruh' geben nach der Predigt! Ihr belagert den Thomas ja gerade wie 'ne Festung!«

»Ihr habt gut reden, Frau Otti, wo doch die Festung von Euch im Sturm genommen ward.«

Das muss Lukas gewesen sein, der Student. Einer seiner treuesten Anhänger. Und als die drei Gäste, von Otti nach oben geschoben, leibhaftig vor ihm stehn, empfängt er sie mit den Worten:

»Sie hat wahrlich nit lange gefackelt! Raus aus dem Kloster, runter mit der Haube und her zu mir. An meiner Seite auf allen meinen Wegen. Fürwahr, eine Mutige, mit 'nem Herz wie 'n Mann!«

»Musst' immer flachsen«, murrt Ottilie, »auch wenn ich dich immer weniger für mich hab', mir ist's ernst.«

»Mir auch!«

Dann wendet sich Müntzer halb an seine Gäste, halb an Ottilie und meint:

»Also, was gibt's so Wichtiges, Männer? Tretet näher! Weißt doch, Otti, mit den Leut' zu reden, das ist mir wie die Luft zum Atmen! Da müssen wir zwei halt zurückstehn!«

»Weiß schon, weiß!«, kommt es ganz leise von Ottilies Lippen, und nachdem sie ihrem Thomas einen traurigen Blick zugeworfen hat, lässt sie die Männer allein.

Müntzer wendet sich direkt an Veit, den Mansfelder Bergknappen:

»Stimmt es, was ich hab' läuten hören: Der Mansfeld will euch verbieten, meine Predigt zu hören?«

»Es ist wohl, weil ihr so stürmisch wider die Herren wettert.« So dessen Antwort.

»Und weil Ihr einen so großen Zulauf habt im Mansfeldschen.« So Walter, der Bauer.

»Weswegen der Mansfeld des Sonntags seine Häscher in der Stadt ausschwärmen lässt, um Kirchgängern aufzulauern.« So Lukas, der Wittenberger Student.

Müntzer, auf dessen Gesicht sichtliches Wohlgefallen und angespannte Besorgnis miteinander im Widerstreit zu liegen scheinen, will gerade auf das soeben Gehörte mit Worten reagieren, als es unten neuerlich klopft. Ottilie, allgegenwärtig, steckt den Kopf in die Stube, ruft ihrem Mann ein aufmüpfig-spöttisches »Bin schon unten!« zu und fliegt die Turmstufen nieder zur Erde. Wieder knarrt es unten. Und wieder hört man oben eine Stimme, die Einlass begehrt. Der Betreffende, dem sie gehört, ist sichtlich erregt, schier aufgebracht. Es ist Simon Haferitz, der Allstedter Altpfarrer, der schwer atmend und prustend nach oben stapft, für sein Alter erstaunlich schnell, so dass Ottilie kaum folgen kann.

Der alte, ergraute Herr, aus dessen Gesicht Güte spricht, wendet sich, ohne Platz zu nehmen, direkt an Müntzer:

»Bruder Thomas, sagt offen: Wollt Ihr Frieden in Allstedt oder Aufruhr?«

Ottilie, die hinzugetreten ist, kommt ihrem Mann zuvor:

»Welche Frage, Bruder Simon! Erklärt Euch deutlicher!«

»Deswegen bin ich hier. Die Leute haben sich zusammengerottet und ziehen gegen den Mansfeld.«

»Wie das?« Jetzt ist's Müntzer, der fragt.

»Ich hab's mit eigenen Augen gesehn: Wohl dreihundert Kirchgänger sind durch die Stadt gezogen aufs Schloss zu. Sie hatten Zulauf von Bauern, viele ausgerüstet mit Knüppeln und Äxten.«

»Und die Mansfelder Knechte, was taten die?«. Wieder ist's Müntzer, der fragt.

»Die hab'n sich verdrückt wie Beelz'bub vorm Weihwasser.«

Ein schadenfrohes Lachen erfasst die Runde. Aber es erstirbt sofort, als Haferitz in ernstem, besorgtem Ton hinzufügt:

»Der Graf wird's nicht hinnehmen, Thomas. Er wird auf Rache sinnen und diesen Aufstand mit Waffen vergelten.«

Müntzer ist aufgesprungen und entgegnet, nun Aug in Aug mit Haferitz, sichtlich erregt: »Mit Waffen vergelten! Auch wir haben Waffen! Soll der gemeine Mann immer nur die Backe hinhalten, Bruder Simon? Soll'n wir dulden, dass Satans Reißzahn und Schiefmaul verbietet, Gottes Wort in meiner Predigt zu hören?! Ich werd's ihm wehren!«

Haferitz versucht, Müntzer zu beschwichtigen:

»Gemach, Bruder Thomas! Bringt die Sach' vor den Herzog und lasst die Leut' wissen, sie mögen Eure Predigt bis zu dessen Entscheid meiden.«

Müntzer, der sich wieder beruhigt hat, zieht sich den Stuhl an den Tisch, bittet auch Haferitz, Platz zu nehmen und sagt:

»Das hieße, dem Teufel die Füß' wärmen und Gottes Wort auf Eis legen. Nein, Bruder Simon. Ich will dem Mansfeld ein ernst christlich Wort senden.«

Damit zieht er ein Papier aus der Tasche:

»Ich hab's grad begonnen. Wenn Ihr's hören wollt?!«

Allgemeine Zustimmung und allgemeine Anspannung. Müntzer liest:

»Dem edlen und wohlgeborenen Grafen Ernst von Mansfeld und Heldrungen christlich geschrieben. Salutem!« Er hält, sich an Haferitz wendend, inne:

»Ihr müsst zugeben, Bruder Simon, das klingt recht friedfertig!«

Indem er dessen zustimmendes Kopfnicken registriert, liest Müntzer weiter:

»Edler, wohlgeborner Grafe! Ihr selbst wisst es, und es ist landrüchig, dass Ihr Euren Bauern und Bergknappen verwehret, meine Predigt in der Allstedter Kirche zu hören. Also wollt Ihr der Freiheit des Evangeliums und Gottes Wort Fesseln antun. Wenn Ihr aber in solchem unsinnigen Verbieten wollet verharren, so würd ich Euch vor aller Christenheit einen unwitzigen Menschen schelten und als ketzerischen Schalk und Schindfessel ausschreien...«

»Schalk und Schindfessel klingt schon weniger friedfertig«, unterbricht Haferitz.

»Lest weiter!« kommt es von Lukas' Lippen.

Doch Müntzer wehrt ab:

»Lasst's gut sein, Freunde! Ich will's noch zu Ende bringen. Ihr hört von mir!«

»Gehen wir! Und lassen den Pfarrer seines Amtes walten«, meint Veit zu den andern und wendet sich zur Treppe. Während der Bergknappe, der Bauer und der Student von Ottilie nach unten geleitet werden, erhebt sich auch Haferitz und sagt mehr zu sich selbst als zu Müntzer:

»Was wohl ist des Pfarrers Amt in solchen Zeiten?!«

Müntzer, noch in seinen Brief vertieft, blickt auf, erhebt sich und sagt:

»Verzeiht, wenn ich Euch gekränkt!«

Darauf sein Gegenüber:

»Mir scheint, Thomas, Ihr hasset gar sehr!«

»Liebe ich deshalb weniger, Bruder Simon?!«

»Bedenkt, Christi Liebe kennt keinen Hass!«

Da geht ein Zucken über Müntzers Antlitz, und es bricht aus ihm hervor:

»Und als Christus die Wechsler aus dem Tempel trieb und ihre Tische umstieß, war das kein Hass? Und als er die Pharisäer Otterngezücht nannte, war das etwa Liebe?! Wer nit hasset, Bruder Simon, kann auch nit lieben! Wer den bittern Christus nit begehrt, mag sich am Honig satt fressen!«

Wiewohl die flammenden Worte Müntzers ihre Wirkung auf Haferitz nicht verfehlen, hält der ihm dennoch entgegen:

»Ich fürcht', Thomas, Eure gewalttätigen Worte werden den gemeinen Mann nur noch aufsässiger machen. Ihr wollt die Bauern ins Spiel bringen. Doch werdet Ihr sie in Bann halten?«

»Wer sagt, dass ich sie halten will?«

Jetzt ist es Haferitz, der sich von der Erregung hinreißen lässt:

»Ihr macht aus den Bauern einen Herrgott, Thomas! Luther aber sagt: Zu einem Bauern gehört Haferstroh.«

»Und ich sag: zu einem Fürstenknecht wie Luther gehört Rossmist aus dem Fürstenstall.«

»Und doch hat der Wittenberger Doktor dem gemeinen Mann die Bibel in deutschen Worten geschenkt.«

»Und im selben Atemzug den gemeinen Mann an die Obrigkeit verraten.«

Haferitz, der an Lebenserfahrung Reichere, beendet den Disput mit den in ruhigem Tone gesprochenen Worten: »Es ist heuer ein schlechter Tag für uns, Thomas. Bereden wir's ein andermal.« Und wendet sich zum Gehen .

Müntzer, der sich allein glaubt, sitzt, noch immer erregt, über seinem Brief, dem er zu beenden trachtet. Laut liest er:

»Bingt Ihr mich aber Euern Häschern in die Fäust', so will ich, edler Graf, tausend mal ärger mit euch umgehen, denn einstens der Luther mit dem Papst …«

Er hält inne, um den Schlusssatz zu formulieren:

»Seid mir also ein günstiger Herr! Wo nit, so lass ich Gott walten. Amen. Gegeben zu Allstedt Mauricii im Jahre 1523. – Thomas Müntzer, ein Verstörer der Ungläubigen.«

Die letzten Sätze hat Ottilie, die von ihm unbemerkt herzugetreten ist, gehört. In dem Moment, als er das Schriftstück versiegelt, erblickt er sein Weib und sucht die Brief gewordene Kampfansage zu verbergen. Doch sie will nicht ausgeschlossen sein von seinem Denken und Tun:

»Ist's gar so Schlimmes, Thomas?«

»Lass, Otti, jetzt ist nicht Zeit zum Reden!«

»Weiß schon, für mich ist nie Zeit.«

Seine Stirn signalisiert aufkommendes Ungehaltensein:

»Hab'ich wohl Zeit für mich? Werd' ich nit schier erdrückt von all der Last, die man mir

aufhalst Tag für Tag?!«

»Ich weiß, Thomas, ich weiß.«

Das zweite »Ich weiß« hat Ottilie ganz leise gesprochen, mehr zu sich selbst, ergeben in ihr Schicksal an Müntzers Seite.

Müntzer, der ihre Reaktion richtig deutet, wird sanfter:

»Du kennst mich doch, Otti, aber die Sach' ist ein männlich Sach', und ich will dich nit ängstigen.«

»Ich soll mich nit ängstigen, wenn die Leut' auf der Straß' schrein, der Müntzer wird den Mansfeld Blut schwitzen lassen.«

»Ist's gar so schlimm?«

Ottilie umfasst seine Schulter und lehnt sich an ihn, als suche sie Schutz bei ihm, der Schutz bald

Schloss Mansfeld.

dringlicher brauchen wird als sie. Und sagt ganz ernst und ihm doch zugetan:

»Ich bin Dir gefolgt, Thomas, aus dem Kloster, trotz der Lästerreden der Menschen, durch Städte und über Landstraßen, ohne zu murren. An deiner Seite, ohne mich zu fürchten. Du selbst nanntest mich Deine Tapfere. Aber jetzt...«

Ganz sacht führt sie seine Hand zu ihrem Leib, der sich schon zu wölben beginnt.

»... aber jetzt ist das anders.«
»Ich verstehe, das Kind.«
Ottilie, ihn mit einem weichen Blick streichelnd:
»Ja, Thomas, unser Kind!«
»Darum bangst Du?«
»Darum, Thomas, und weil Du nit mehr bei mir bist.«
»Ich nit bei dir, Otti, wie das?«

Ottilie hat sich von ihm gelöst, ihre Hände auf seinen Schultern und ihr Auge in das seinige versenkt, spricht sie beschwörend auf ihn ein:

»Nein, Thomas, immer weiter treibt's Dich weg von mir. Das Predigen, das Disputieren, das Streiten um die Sach'. Immer unnachgiebiger werden sie dich belagern, Deine Bergknappen und Bauern, und mir Dein Hirn und Herz entfremden. Heuer kommen sie schon aus dem Mansfeldschen. Und Du legst Dich an mit dem Grafen in Deinem Brief!«

Müntzer, der sich aus ihren Händen löst, tritt einen Schritt zurück, greift in die Brusttasche und zieht den Brief hervor:

»Hätt' ich ihn besser nit geschrieben?!«
Er reicht ihn ihr. Und sie, mehr als verdutzt:
»Was soll ich damit?«
»Es war nit Recht von mir, es nit mit Dir zu bere-

den! Ich dacht' auch nit ans Kind, das in Dir wächst, Otti! Nimm Du den Brief! Bewahr oder zerreiß ihn, du Vernünftiges!«

Ottilie verbirgt den Brief flugs unter ihrem Mieder, hält inne, schaut ihn dann groß an und sagt, zunächst ruhig, aber bestimmt:

»Und was ist mit den Bergknappen und Bauern, die auf Deinen Brief warten? Und der Mansfeld, soll er den Mansfelder Leut' Deine Predigt unwidersprochen verwehren?«

»Ich halt' mich eben dran, was Bruder Simon rät: Der Mensch sei untertan der Obrigkeit und erreg sich nit wider die Großen, die Gott auf den Herrenstuhl gesetzt, wie's Luther meint. Dann wird Ordnung sein auf Erden und Ruh für die Pfarrersleut.«

»Und die Leut', die zu Dir kommen?«

»Die werden nit mehr kommen.«

Da kann sich Ottilie nicht mehr zurückhalten. Seinen Kopf zwischen ihre Hände nehmend, spricht sie Worte, die einem Vermächtnis gleich kommen:

»Nein, Thomas, nein, das bist ja nit Du! So mag ich Dich nit! Bist mir wahrlich recht oft ein stachliger, zorniger Igel, der faucht und sticht. Aber dann bist eben auch der Müntzer, dem ich gefolgt bin und dem ich folgen werde, den ich liebe, so wie er ist: freundlich zu den einfachen Leut' und unfreundlich wider die Großen. Mit seiner Liebe und seinem Zorn, mit seinem Verstand und seinem bedingungslosen Unverständnis für menschliche Ungerechtigkeit. Mit seiner Kratzbürstigkeit wie seiner Zärtlichkeit – all das haargenau so. Und nix davon mag ich missen.«

Müntzer sucht seine Rührung hinter einem Lächeln zu verbergen und sagt leichthin:

»Zu viel der Ehre.« Und drückt Ottilie an sich. »Du meine Tapfere!«

Dann nestelt sie an ihrem Busen, zieht den Brief aus dem Mieder und meint mit einem beinahe schelmischen Lächeln:

»Ich bring ihn dem Botengänger. Noch heut' soll er beim Grafen sein.«

Er hält sie sanft zurück:

»Nimm dich in Acht, Otti, … der Kleine!«

»Oder *die* Kleine!« Ihre Stimme hat einen neckenden Tonfall angenommen. Dann aber fügt sie ganz ernsthaft hinzu:

»Das Kleine ist gut aufgehoben bei mir. Und dann, Thomas, wenn's soweit ist – ein Bub soll's werden, ein Bub, grad so wie Du!«

Und schon ist sie entschwunden.

Seit jenem Tage hat sie noch oft gebangt – weniger um sich und *den* Kleinen, der zu Ostern anno 1524 das Licht von Allstedt erblickte, als um ihren Thomas.Und nicht in jedem Falle konnte sie an seiner Seite sein, seine spontane Unbeherrschtheit, seinen »von Gott gesandten« Zorn dämpfen. So bei der Gründung des Allstedter Geheimbundes, einem Bund mit Gott, vor dem alle gleich waren. Einem Bund aber auch, der vor Gewalt nicht zurückschreckte, zur Bilderstürmerei animierte, wobei Kirchen gestürmt, Altäre umgestürzt sowie Statuen und Heiligenbilder zerschmettert wurden. So an jenem heißen Julisonntag anno 1524, an welchem Müntzer seine hernach in Geschichtsbüchern wie wissenschaftlichen Streitschriften immer wieder zitierte »Fürstenpredigt« in der Schlosskapelle zu Allstedt hielt. Eine Kampfansage an die heuchlerischen

Thomas Müntzer mit Weib und Kind: auf der Flucht.

Pfaffen, welche er »Schlangen« und die pfaffenhörige landesfürstliche Obrigkeit, welche er »Aale« nannte. Welch letzteren er drohte, für Gottes Reich der Gerechtigkeit auf Erden, ein Reich ohne Knechtschaft und Frondienste einzustehen. »Wo sie aber das nicht tun, wird ihnen das Schwert genommen werden.« Dann aber, als ihn der Landesherr ob seiner losen Zunge und seiner lockeren Hand als eine Gefahr für die bestehende »gottgewollte« Ordnung mit Versammlungs-, Predigt- und Druckverbot belegt und unter »Stadtarrest« gestellt hatte, als seine Freunde ihm rieten, die Stadt zu verlassen, da sein Leben bedroht sei, dann aber stand sie wieder hinter ihm – seine Otti. In der Nacht zum achten August des Jahres 1524 will er heimlich über die Allstedter Stadtmauer. So ist's beschlossen. Und Müntzer sagt in der Stunde des Abschieds zu ihr:

»Otti, ich nehm Dich mit!«

Und sie entgegnet: »Wir wolln Dich nit behindern. Ich bin hier und dort bei Dir, Thomas! Bloß einen kleinen Winkel sollst freilassen in Deinem Herzen für den Buben und mich. Nit zweifeln darf der Müntzer, seinen Weg muss er gehen, der Müntzer, und muss stets der Müntzer bleiben! Stolz wolln wir sein auf Dich, der Bub und ich!«

Müntzers große Vision ist gescheitert. An der Wirklichkeit zerbrochen. Auf dem blutüberströmten Schlachtfeld nahe Frankenhausen begraben worden. Am 5. Mai 1525. Fünftausend der »Seinen« ließen ihr Leben, der Rest ergab sich der gut gerüsteten fürstlichen Übermacht. Er selbst geriet in Gefangenschaft, wurde grausam gefoltert und widerrief. Doch damit nicht genug. Müntzer war eine Gefahr für die Obrigen. Er wurde mundtot gemacht, sein Kopf vom Leibe getrennt. Und hinterließ einen Abschiedsbrief, in dem es u.a. hieß:

»... Darum sollt ihr euch meines Todes nit ärgern, welcher zur Förderung den Guten und Unverständigen geschehen ist. Derhalben ist mein freundlich Bitt an euch, ihr wollet meinem Weibe die Güter, die ich gehabt, lassen folgen, als Bücher und Kleider, was desselbigen ist, und sie nichts um Gottes Willen lassen entgelten ... Mit dieser Handschrift ... befehl ich meinen Geist in die Hand Gottes und wünsche euch den Segen des Vaters und des Sohnes und des Heiligen Geistes. Helft ja raten mit Fleiß meinem Weibe und zum letzten fliehet das Blutvergießen, davor ich euch jetzt treulich warnen will ...«

Der Alte Dessauer und die Apothekerstochter
Anna Luise Föse

EIN HAUDEGEN MIT HERZ UND SCHNAUZE

Er wurde lange und schmerzlich erwartet und dann, als er endlich am 3. Juli anno 1676 das Dessauer Schlosslicht erblickte, freudig begrüßt – der kleine Leopold, künftiger Thronfolger von Anhalt – Dessau. Vor allem und zuerst von seinen blaublütigen Eltern, Vater Johann Georg, regierender Fürst, und Mutter Henriette von Oranien, die ihrem Fürstgemahl zwar schon sieben Prinzessinnen und einen Prinzen geschenkt hatte, welch letzterer sich sehr schnell wieder von dieser Welt verabschiedete, und erst an jenem dritten Juli ihrer ehelich-fürstlichen »Pflicht« nachkam und ihrem Mann wie ihrem Land den sehnlich erwarteten Erbprinzen gebar.

Seine große Leidenschaft galt dem Kriegerischen. Mit leuchtenden Augen verfolgte der Knabe soldatische Übungen an der Seite seines Vaters. Mit hochroten Wangen hörte er des Nachts am Lagerfeuer die Kriegsgeschichten der Alten. Und schon frühzeitig lernte er, selbst die Waffe zu führen. Seine Privatlehrer, die versuchten, ihm Geschichte und schöne Künste nahe zu bringen, ließ er abblitzen. Selbst die französische Sprache lernte er nicht systematisch »auf der Schulbank«, sondern durch den täglichen Umgang mit den Erwachsenen als notwendiges Übel für den höfischen und soldatischen Hausgebrauch. Hingegen bewies er große Ausdauer, wenn es um körperliche Ertüchtigung und Abhärtung ging. Schon mit neun Jahren begleitete er seinen Vater auf die Jagd, die ihm zeitlebens unersetzbare Lust war. Den Erwachsenen stand er in nichts nach, wenn sie nachts in Wald und Flur unter freiem Himmel kampierten. Bei Militärs wie Fürsten erweckten seine Fertigkeiten im Reiten und Schießen Bewunderung. Und so befremdet es nur aus heutiger Sicht, dass der österreichische Kaiser Leopold den erst elfjährigen Dessauer Leopold zum Obersten ernannte und ihm ein Infanterieregiment anvertraute. Doch da ihm Berlin näher lag als Wien, begrüßte Leopold, gerade siebzehnjährig, anno 1693 das Angebot, das brandenburgische Infanterieregiment von Anhalt-Dessau zu kommandieren. Genau in dem Jahr, als sein Vater unerwartet starb. Damit änderte sich sein Lebensrhythmus grundlegend. Denn jetzt führte die Mutter als regierende Fürstin die Geschäfte. Solange, bis Leopold seine Minderjährigkeit hinter sich gebracht haben würde. Doch wäre Leopold nicht Leopold, hätte er neben seiner Leidenschaft zum *Kriegerischen* nicht noch eine *zweite* große Leidenschaft. Und die galt der holden *Weiblichkeit*. Und im besonderen einer gewissen Anna Luise Föse. Und um derentwillen stand Zoff ins Dessauer Schloss. Zoff zwischen Mutter, der regierenden Fürstin, und Sohn, dem eigenwilligen Thronfolger. Und das kam so …

ER und SIE kannten sich von Kindesbeinen an. Eine Sandkastenliebe also? Beinahe …, wenn man bei einem solch militärbesessenen Jüngling wie Leopold das Wort »Sandkasten« überhaupt gebrauchen darf. Der Sandkasten war sicher, sieht man von militärischen Sandkastenspielen ab, seine Sache nicht. Trotzdem knüpften die beiden das innige Band jugendlicher, ach was, kindlicher Zuneigung. Gerade mal

*Fürst Leopold I. von Anhalt-Dessau, später
»Der Alter Dessauer« genannt.*

siebenjährig, wurde sie zu seiner Gespielin. Viele Stunden ihrer Freizeit verbrachten sie zusammen. Er präsentierte ihr seine Reit- und Jagdkünste, die sie bewunderte und denen sie nachzueifern trachtete. Und wenn er in seiner Wildheit und Ausgelassenheit über die Stränge zu schlagen drohte, war Luise die Einzige bei Hofe, die ihn zu zähmen verstand. Ihren Ermahnungen und mit unwiderstehlichem mädchenhaft-weiblichen Charme vorgebrachten Gegenreden vermochte er sich nicht zu entziehen. Denn: Er war ihr herzlich zugetan. Gar oft pfiff er ihr vor des Apothekers Haus ein Ständchen, um sie zu gemeinsamen Spielen zu entführen. Schließlich gestand er sich (und ihr) ganz offen ein, dass er sie heiß liebe und begehre. Doch die Sechzehnjährige widerstand dem stürmischen Werben des geliebten Leopolds, eine Reaktion, welche den nur noch stärker für sie entflammte. Und was keiner bei Hofe, am aller wenigsten Leopolds Mutter, geglaubt, welche die Entflammtheit ihre Sohnes schon bald im Erlöschen wähnte, Leopold, der künftige Landesfürst, bgehrte Anna Luise, die *Apothekerstochter*, zur Frau! Eine *Bürgerliche* als künftige Landesfürstin – *unvorstellbar*! Henriette Catharina, die noch regierende Fürstin, musste das verhindern. Um jeden Preis! Und was tat sie wohl? Das, was man in solchen Fällen immer wieder und mit Erfolg praktiziert: Die beiden Liebenden mussten getrennt werden! Da die Fürstin die Auserwählte Ihres Sohnes nicht gut exmittieren konnte, wählte sie die elegantere Lösung. Sie schickte ihren Sohn in die Ferne, ins schöne Italien. Dort würde er, dessen war sie sicher, über die vielen neuen Eindrücke und Begegnungen mit Auserwählten adligen Geblüts auf andere Gedanken kommen und seine Apothekerstochter vergessen!

Am 24. Februar des Jahres 1695 kehrte Leopold, auf den Tag genau nach 15 Monaten, über Wien, Prag und Dresden nach Dessau zurück. Er war an Erfahrungen und Bekanntschaften reicher, ansonsten aber ganz der Alte. Und … seine Liebe zu Luise? War nur scheinbar auf Eis gelegt und nach der langen Trennung nur noch hitziger am Köcheln. Nach seiner Ankunft suchte er nicht etwa zuerst die Nähe seiner fürstlichen Mama, wie es höfisch-schicklich gewesen, nein, sein erster Besuch galt seiner Auserwählten: Anna Luise, die er stürmisch an seine werdende Heldenbrust drückte. Und als er dann von seiner Mutter freudig begrüßt wird, begehrt er in kommandogewohnter Entschiedenheit a) die Regentschaft und b) Luise zur Gemahlin. Die Fürstin musste sich eingestehen, dass ihr Plan nicht aufgegangen war. Die Apothekerstochter schien eine magische Kraft auf ihren Leopold auszuüben! Diese Erkenntnis wurde durch ein Ereignis aufs dramatischste bestätigt, das einerseits Leopolds starke Leidenschaft für Luise weithin bekannt machte und andererseits ein erschreckendes Licht auf seine Unbeherrschtheit warf. Die Eifersucht nämlich trieb ihn zu einer das ganze Land entsetzenden Bluttat. Er verdächtige einen jungen Arzt, naher Verwandter seiner schönen Luise, der unredlichen Annäherung. Allein schon dessen Anwesenheit im Fösischen Haus ließ Leopolds Blut in Wallung kommen. Und als er die beiden gar in recht trauter Zweisamkeit an Fenster erblickte, konnte er sich nicht zurückhalten. Er stürmte das Fösische Haus wie eine ihm vertraute Festung, verfolgte den fliehenden vermeintlichen Nebenbuhler wie einen erbitterten Feind mit gezogenen Degen bis in ein entlegenes Zimmer und ... stach ihn nieder. Ein Mord aus Liebe? Aus gekränkter Eigenliebe? Totschlag im Affekt? Jedenfalls Indiz für die Unbeherrschtheit eines Prinzen, der bald die Geschicke seines Fürstentums lenken sollte.

Wenn auch später als gewollt, so hat Leopold seine Primärziele doch erreicht. Am 13. Mai 1698, wenige Tage vor seinem zweiundzwanzigsten Geburtstag, übernahm er das Regierungszepter aus den Händen seiner Mutter und im September heiratete er – mit deren stiller Duldung und wider alle Hofetikette – seine Luise, eine Bürgerliche. Doch das war noch nicht alles! Seine Willenskraft, Ausdauer wie seinen guten Beziehungen zum kaiserlichen Hofe, bei dem er schon mit jungen Jahren in Dienst gestanden, vermochten es, allen blaublütigen Lästermäulern ein Schnippchen zu schlagen, die seine Ehe

Fürstin Luise, die einstige Apothekerstochter.

zur Mesalliance degradierten und seine Sprosse als Bastarde schmähten. Seine Gemahlin, die einstige Apothekerstochter, wurde vom Kaiser geadelt, erhielt gar den Titel einer Reichsfürstin zu Anhalt. Diese »Beförderung« bezog sich auch auf die beiden Söhne, welchen die noch unadlige Bürgersfrau das Leben geschenkt. Beide wurden einem Adligen für ebenbürtig und also erbfolgefähig erklärt. Die kaiserliche Urkunde, welche jene frohe Doppel-Botschaft ins Dessauer Schloss brachte, traf am 29. Dezember 1701 ein. Also gut drei Jahre nach Leopolds und Luises Heirat. Der Fürst hat sich besagte Urkunde runde 92000 Taler kosten lassen. Leopold hatte sein Ziel erreicht: eine Fürstin zur Gemahlin, die am Tage der Vermählung noch Föse geheißen und Apothekerstochter gewesen.

Ein Handstreich, dem noch manch ausgefallener Einfall folgen sollte – zum Leidwesen seiner Feinde und zur Ver- mitunter auch Bewunderung seiner

Freunde. So er die denn hatte. Denn kaum eine andere Persönlichkeit des preußischen Militärstaates war schon zu Lebzeiten derart umstritten wie Leopold I. von Anhalt-Dessau. Als Militär machte er sich schon früh einen Namen. Mit der Thronbesteigung Friedrich Wilhelm I., der ihm in seiner Vorliebe fürs Militär, seinem autoritären Regierungsstil und seinem schroffen Auftreten glich, begann anno 1713 Leopolds maßgeblicher Einfluss auf die preußische Politik, der fast dreißig Jahre währte. Er schrieb ein gut Stück preußischer Militärgeschichte: mit der Einführung des Gleichschritts wie des eisernen Ladestocks, der es den preußischen Infanteristen erlaubte, fünf- anstatt dreimal pro Minute zu laden und zu schießen. Zudem verband der Dessauer das Exerzieren mit der Einübung des Feuerns im Vormarsch. Ausdauer und Pfiffigkeit bewies er bei der Belagerung und schließlichen Einnahme feindlicher Festungen. Und Popularität erwarb er sich bei seinen Soldaten, weil er während der Schlacht nicht auf dem erhöhten Feldherrenhügel thronte, sondern mitten unter »den Seinen«, wenn nicht gar in der ersten Reihe stürmte. Ob als Oberst, als General oder als Feldmarschall. »Seine Soldaten« waren recht eigentlich »sein Volk«. Bei ihnen fühlte er sich wohl, mit ihnen lag er im Dreck und mit ihnen stürmte, zechte und »scherzte« er. Wobei *er* bestimmte, wer Opfer seiner »Scherze« wurde. So liebte er es, seine Schildwachen auf die Probe zu stellen, präsentierte ihnen Geschenke oder kredenzte ihnen verführerische Gaumenkitzel von der fürstlichen Tafel. Wehe, wenn sie kleben blieben an der ausgelegten Leimrute! Oft mischte er sich, inkognito und also in Verkleidung, unters Volk. Einstens hatten sich junge Dessauer, die wenig Wert darauf legten, im Soldatenrock Dienst zu tun, im Sächsischen einen sicheren Unterschlupf gewählt. Bester Stimmung feierten sie im Wirtshaus bei einem guten Tropfen ihren »Sieg«. Ein Leiermann spielte auf und animierte zum Mitsingen. Plötzlich brachte jemand die Schreckenskunde, der Leopold komme mit Soldaten, auf der Suche nach flüchtigen Landeskindern. Der Wirt wusste schnell Rat und bugsierte die jungen Leute in einen unterirdischen Kellerraum. Verbunden mit der Weisung, sich still zu verhalten, der Eingang zum Versteck sei für niemanden sichtbar. Im nächsten Moment war das Wirthaus von preußischen Soldaten besetzt, die das Unterste nach oben kehrten, aber niemanden finden konnten. Auch der Wirt ließ sich nicht erweichen. Schon wollten die Soldaten unverrichteter Sache unter Fluchen das Wirthaus verlassen, als sie das Spiel einer Leier vernahmen. Erst leise, dann lauter. Unüberhörbar, die Töne kamen von unten. Gleich darauf hörten sie eine Donnerstimme: »Hierher, ihr Pulverfresser, hier ist die Tür, alle Tod und Teufel, und lasst mir keinen der verteufelten Himmelhunde entkommen! Ich werde ihnen den Marsch blasen!« Der Mann, der diese deftigen Befehle aus der Tiefe gebrüllt, war kein anderer als Leopold, diesmal in der Rolle des Leiermanns. Kleine »Scherz« des Landesfürsten, um abtrünnige »wehrfähige« Landeskinder einzufangen.

Mit solcherlei Streichen konnte er wohl dem gemeinen Mann kommen, nicht aber der adligen Gesellschaft. Die Damen bei Hofe mokierten sich über seine flegelhafte Art, seine deftigen Flüche, mangelnde Bildung, den Knasterdunst, den er verbreitete, und seine bläuliche Gesichtshaut, die allzu viel Pulverdampf geschluckt.

Leopold führte eine Art Doppelleben. Besser: seine Zeitläufte waren zweigeteilt. Von Frühling bis Herbst tat er seinen Dienst im Feld, währen der sich im Winter, der den Krieg witterungsbedingt ausfallen ließ, in Berlin oder Dessau aufhielt. Hier, auf seinem Schloss, verwirklichte er sich als Ehemann, Vater und Landesvater. Seine Luise, der er über 47 glückliche Ehejahre seine ganze, ansonsten kaum artikulierte Zärtlichkeit schenkte, gebar ihm zehn Nachkommen – akkurat fünf männliche und fünf weibliche. Sie ihrerseits fühlte sich nicht nur als Gemahlin und Mutter an seiner Seite, sondern war auch seine bessere Hälfte, wenn es um die Verwaltung der fürstlichen Besitzungen ging. Besonders während der Zeit seiner Feldzüge im preußischen Dienst nahm sie seine Verantwortung wahr. Und die wurde von Jahr zu Jahr größer. Leopold hatte den Ergeiz, eine über sein kaum 30 000 Seelen zählendes Zwergfürstentum hinaus bedeutende Rolle zu spielen. Er trachtete danach, zum alleinigen Grundbesitzer seines Landes zu werden. Und das ging so. Vermittels Ausdauer, Geschäftssinn und Repressalien verdrängte er Edelleute von ihren Gütern, Bauern und Mühlenbesitzer von ihrem angestammten Eigentum. Durch erzwungenen Aufkauf nach dem für Leopold günstigen Kammertaxpreis. Und wollte ein Besitzer partout nicht weichen, so fand Leopold ein probates Mittelchen. Diesbezüglich engagierte Soldaten suchten Händel, der »wüste Schläger« wurde arretiert und zwecks Besserung zu Leopolds Soldat gemacht. Nach geraumer Zeit erschien der Fürst zu Pferde vor dem Bauersmann im Waffenrock, der gerade auf Schildwacht stand, und erbot sich »großzügig«, ihn vom Soldatsein zu entbinden, er müsse nur auf den

Leopoldschen Kaufpreis eingehen. Die Schildwache stand stramm und gehorchte ... Leopold hatte sein Ziel erreicht. Er war schließlich *Alleineigentümer* über sein Land, der *einzige* Grundbesitzer seines Fürstentums. Allerdings bediente er sich nicht zum Zwecke der Selbstbereicherung. So entstanden während seiner Regierungszeit Vorwerke und Dörfer, Straßen und Brücken, Mühlen und ... Kirchen. Und er ließ wüstes Land urbar machen und schützte das Land durch den Bau von Dämmen vor den Hochwassern der Elbe. Bei alledem erhöhte er die Steuern und Abgaben seiner Untertanen nicht, sondern sorgte sich, die Lebensbedingungen des einfachen Volks zu verbessern. Bei Notständen und Unglücksfällen gar offenbarte sich ein *anderer* Leopold, der Abgaben und Steuern erließ, Holz und Steine zum Wiederaufbau oder beträchtliche Geldsummen verschenkte.

Am 8. Februar 1745, mitten im Schlesienfeldzug, stiebte ein reitender Eilbote in Leopolds Hauptquartier. Er brachte traurige Nachricht aus Dessau. Und meldete: »Exzellenz, die gnädige Fürstin ist dahin-

Friedrich Wilhelm I. mit seiner Garde, links hinter ihm: Leopold I.

gegangen!« Keine Nachricht hat Leopold je so getroffen wie die vom Tode seiner geliebten Luise. Tagelang fand er keine Ruhe. Sein Herz wehklagte und trauerte. Er verweigerte jede Nahrung. Kam zusehends von Kräften. Nur die Feldherrenpflicht ließ ihn wieder ins Leben zurückfinden. Paradoxerweise ein Spiel zwischen Leben und Tod. Das Schicksal war ihm gnädig, als ihm, dessen Stern am Feldherrenhimmel am Verlöschen war, noch einmal – letztmalig – eine großer Handstreich gelang. Mit dem Sieg in der Schlacht bei Kesseldsorf, womit er Friedrich II. im zweiten Schlesischen Krieg die Kastanien aus dem Feuer holte. Nicht zu vergessen die 1755 Preußen, die dafür ihr Leben ließen.

Er war ein siegesgewohnter Feldherr. In 22 Schlachten und während 27 Belagerungen hat ihn nur ein einziger Streifschuss erwischt. Weswegen er unter »den Seinen« als kugelfester Teufelskerl galt. Der Tod hat ihn dennoch ereilt. Nicht auf dem Schlachtfeld, nein, auf seinem Dessauer Schloss. Unmittelbar nach dem Mittagsmahl traf ihn der Schlagfluss, ein Schlag, den er nicht parieren konnte. Er folgte, gut siebzigjährig, am 9. April 1747 seiner Luise nach zwei Jahren in die Ewigkeit. Friedrich II. kommentierte die Todesnachricht lakonisch: »Der Alte Dessauer ist verreket.« Wohingegen Kammerdiener Fredersdorf über seinen dahingegangenen Herren spottete: »Der Alte Fürst wird sich freuen, wann er bey alle Teuffel kommen wirdt, die Er immer so fleißig geruffen; und Niemand wirdt Ihm eine glückliche Reise wünschen.«

Wer weiß?

Georg Philipp Telemann und Louise Eberlin
KURZES GLÜCK

Sie atmet schwer. Dann vernimmt er ein leises Stöhnen. Zweifellos, sie unterdrückt den Schmerz. Jetzt öffnet sie die Augen, die müde auf ihm ruhen. Mit einem Lächeln, das nicht gelingen will und eher in ein Grinsen abgleitet, versucht sie, seine Traurigkeit für einen Moment zu verscheuchen. Ihr Blick, begleitet von einem nur angedeuteten Heben des Kopfes, weist in Richtung des Fensters.

»Ich werde es öffnen, Louise braucht Luft!«

Er hat es mehr zu sich gesagt, steht auf, geht die wenigen Schritte zum Fenster, das er einen Spalt breit öffnet, und kehrt dann zu ihrem Bett zurück. Sie registriert sein Tun mit einem dankbaren, schwachen Lächeln. Er zieht den Stuhl ran, setzt sich und legt seine Hand sanft auf die ihre. Und sie schließt die Lider.

Georg Philipp Telemanns Augen umfangen ihr blasses, schmales Gesicht mit einem liebevollen, traurigen Blick. Wie jung sie noch ist, wie schwach aber auch! Er weiß es vom Arzt: Seiner Louise, seiner lieben Frau, ist nicht mehr viel Zeit vergönnt auf dieser schönen Welt…

Erst vor gut einem Jahr hatte sie ihn erhört. Und nun wollte sie ihn schon wieder verlassen! Nach so kurzer Zeit! Ihn, den Hofkapellmeister von Herzog Wilhelms Gnaden und Kantor zu St. Georg. Wie steinig war doch der Weg bis hierher. Für ihn, den Magdeburger Pfarrerssohn, den es schon frühzeitig zur Musik gezogen. Sein verständnisvoller Lehrer an der

Domschule förderte die musikalischen und literarischen Ambitionen des jungen Georg Philipp. Aber sein Erstlingswerk, eine kleine Oper, für die sich Telemann selbst eine Hauptpartie geschrieben, beschwor ein wahres Unwetter. Telemanns Mutter nämlich, nach dem frühen Tod des Vaters in persona für Erziehung und Bildung ihres Sohnes allgegenwärtig, untersagte ihm jegliche Beschäftigung mit der Musik, die ihn nur zum »Gaukler, Seiltänzer und Spielmann« verführen würde. Und stante pede gab sie ihn auf die Schule nach Zellerfeld, ohne zu ahnen, dass der dortige Superintendent die musikalische Begabung Telemanns erkannte und förderte. Mit siebzehn Jahren wechselte Telemann ins »Andreaneum« Hildesheim. »Nebenbei« und wiederum ohne Wissen der Mutter erlernte er hier das Klavier- und Orgel-, das Violin- und Flötenspiel. In Magdeburg dann bestand er ein Examen, das ihm erlaubte, ein Studium an der Leipziger Universität »anzutreten«. Aber nicht etwa das der Musik, nein, das der Juristerei. Auf Weisung von Mama. Die ihrerseits nichts Eiligeres zu tun hatte, als die »gantze musikalische Haushaltung« ihres ungehorsamen Sohnes, also seine sämtlichen Frühwerke, entweder dem Reißwolf oder den Flammen anzuvertrauen. Neben der Jurisprudenz belegte er Philosophie, Rede- und Dichtkunst. Und er vertonte – erneut auf musischen Abwegen und Mama zum Trotz – Gedichte von Johann Christian Günther, einem Schüler Menckes. Offenkundig hatten es ihm Noten, Generalbass und Komposition bedeutend mehr angetan als Gesetze und Paragrafen.

Durch Zufall war seinem Stubengenossen, bei dem er als »Stubenpursch« eine billige Bude gefunden, ein Notenblatt in die Hände gefallen: nicht weniger als die Vertonung des 6. Psalms. Prompt sorgte er für die Aufführung des Telemannschen Werkes in der Thomaskirche. Das gab dem komponierenden Jura-Studiosus Aufwind. Fortan triumphierte die Musik über die Jurisprudenz. Er wurde Mitglied des studentischen »Collegium musicum«, dessen Leitung er wenig später übernahm. Wirkte simultan mit seinen Musikern im Opernhaus. Komponierte seine ersten Opern. Sang darin gar die Hauptrollen, wenn er nicht dirigierte. Und schenkte schließlich seiner Mutter, der er trotz allem herzlich zugetan war, reinen Wein ein. In Gestalt eines ihr zurückgesandten Wechsels und der Mitteilung, nein, des festen Entschlusses, sich der Musik verschrieben zu haben – von Berufs wegen und ein Leben lang.

Ein Druck von Louises Hand, die er noch immer umfasst hält, ruft Telemann zurück ans Sterbebett. Sie hat die Augen aufgeschlagen und bittet mit leiser Stimme um einen Schluck Wasser. Telemann verlässt den Raum, um das Glas zu füllen. Er reicht es ihr, wobei er ihren Kopf im Kissen stützt, damit sie trinken kann. Ihr Kopf ist heiß, fieberheiß. Sie leert das Glas beinahe hastig. Dann lächelt sie schwach. Und sagt leise: »Lass mich noch ein wenig ruhen, Georg!«

Er nickt und setzt sich wieder zu ihr. Schaut auf ihr liebes, ermattetes Gesicht, das so herzlich lachen konnte. Wie oft hatte sie ihn erheitert. Wie oft und lange aber auch hatte sie ihn geprüft. Ob er nicht einer von den Luftikussen sei, die schmeicheln und große Worte machen.

Er entsann sich nicht, wo und wann er sie zum ersten Mal erblickt. War's in der Kirche, wo er die Orgel getreten? Hatte sie seiner Stimme gelauscht in einer von ihm komponierten Kantate? Oder war sie

Georg Philipp Telemann, Stich eines unbekannten Künstlers.

gar zu Gast gewesen bei einem herzoglichen Hofkonzert, das er geleitet? Ihr Vater, Daniel Eberlin, war immerhin ein weithin bekannter und umtriebiger Kantor, den er, Telemann, insgeheim bewunderte. Als er sie zum ersten Mal erblickt, da hat es gleich gefunkt bei ihm und er bei sich gedacht. »Die hab' ich mir ersehen, die soll mir Herz und Hand zum Eigentume weihn!« Doch sie, so selbstbewusst wie schön, ließ sich nicht fangen durch sein heißes Werben. Und sprach: »Du musst zuvor ein andrer Jacob sein!« Das konnt' nur heißen: Nur sie allein durft' Platz in seinem Herzen haben. Und keine andre neben ihr. Er stellt' ihr nach »so manches Jahr«, um ihrer Gunst sich zu versichern. Erweist sich tugendsam, kommt ihr mit Schmeicheleien und Geschenken. Doch was ansonsten bei der holden Weiblichkeit so schnell geführt hat zum Erfolg, verpufft bei ihr. Sie lässt ihn zappeln. Was sie ihm schenkt, er spürt es wohl, ist Hochachtung. Doch Liebe ist es nicht. »Ich suchte meine Glut mit aller Macht zu dämpfen, die doch von Zeit zu Zeit mehr Zunder an sich nahm.« Wahrhaftig, er war ihr von Herzen zugetan. Und fühlte Wohl und Weh mit ihr. »War sie vergnügungsvoll, so traf auch mich die Reihe. Fand sie sich missvergnügt, so musst ich traurig sein.« Aber als die Schweden ins Land einfielen, musste er fliehen. Bei seinem Abschied sah er Tränen in ihrem schönen Angesicht und vernahm voll tiefer Freude ihren Abschiedsgruß: »Fahrt wohl, mein Telemann! Vergesset meiner nicht!« Achtzehn lange Wochen blieb er fern. Als er zurückgekehrt und ihr sein Herz zu Füßen legte, dann endlich gab sie ihm ihr »Ja«. Und nun, nachdem der Priester sie als Mann und Weib gesegnet, nun wird die Bettstatt für beide zum Paradies. Sie hat das Linnen mit Blumen belegt, eine farbige, duftende Einladung. Er, so lange hingehalten, darf sie endlich ganz besitzen. Und sie, die sich so spröd gespreizt, gibt sich ihm hin mit Haut und Haar. Lange liegen sie so zweisam, eng umschlungen. Und so geht's fort auch nach der heißen Hochzeitsnacht. Und jeden Abend schläft sie in seinen Armen glücklich ein, und jeden Morgen ist der Kuss ihr erster Gruß. Und hier, in diesem Bett, hier ward das Kind gezeugt. Und hier, in eben diesem Bett, hat sie's zur Welt gebracht. Ein gesundes Kind, wie der Arzt bescheinigt. Maria Wilhelmine Andrea geheißen. Und derselbe Arzt nimmt Telemann beiseite und lässt ihm keinen Zweifel: Die Mutter, seine Louise, hat's Ganze zu sehr angegriffen. Ihr Körper ist geschwächt, zum Sterben krank. Den sechsten Tag sitzt er nun schon bei ihr. An diesem Bett. Da regt sie sich und hebt den Kopf ganz leicht. Sie will ihm etwas sagen. Er beugt sich schnell zu ihr herab, zu hören ihre leise, liebe Stimme:

»Komm Schatz, jetzt umarm ich dich das allerletzte Mal.«

Er spürt die Anstrengung und ihren schweren Atem, als ihre Arme seinen Hals umfangen. Und hört, wie sie flüstert: »Lass einen Priester holen, dass er dem lieben Gott mit mir zu Füßen fällt!«

Er will sich das Unabänderliche nicht eingestehn. Doch sie beharrt auf ihrer Bitte, ihrem letzten Willen, weil sie weiß, ihr Stunde ist gekommen. Und so lässt er nach dem Priester rufen. Dann sagt sie, seine Hand nehmend, mit leiser, aber fester Stimme:

»Mein herzgeliebter Schatz, mein lieber Telemann, verzeihe, wenn ich jemals dir ein Leid getan. Ich bin aus Fleisch und Blut und habe irren können., doch kann ich mich nun sterbend glücklich nennen, dass dir mein Herz inbrünstig angehangen und niemand sonst als du mein Herze hat gefangen.«

Er ist nicht fähig, ein Wort der Erwiderung zu sprechen. Ein Weinkrampf erstickt seine Stimme. Ganz fest drückt er die Geliebte an sich, beinahe zu fest, wie er merkt. Denn sie macht sich aus seiner Umarmung frei, um mit jetzt völlig klarer Stimme und dem ihr eigenen mädchenhaften Liebreiz zu sagen:

»Ich danke dir für deine treue Liebe. Deine Herze wohnt in mir ... auch in der Ewigkeit.«

Ermattet sinkt sie zurück. Ein gedämpftes Klopfen, und der Priester tritt ein. Sprich ein Gebet und spendet seinen Segen. Drückt Telemann stumm die Hand. Und lässt die beiden allein.

Wenig später wird Telemann gewahr, dass sie zu atmen aufgehört. Er faltet ihre Hände über ihrem Schoß. Drückt ihre Augenlider nieder. Und gibt ihr einen letzten Kuss auf den noch warmen Mund. Und sagt zur ihr, wie all die Tage ihres kurzen Glücks:

»Mein Engel, gute Nacht!«

Fürst Leopold III. und zweimal L(o)uise
DAS PARADIES VON WÖRLITZ

Sie waren recht entgegengesetzter Natur: Großvater und Enkel.

Brachte es Leopold I. im preußischen Dienst bis zum Feldmarschall, so quittierte Enkel Leopold III. den Militärdienst bei der ersten besten Gelegenheit. Hatte der Alte Dessauer das Zeug zu einem »Meister der Kriegskunst«, durfte sich Leopold Friedrich Franz einen Meister der Landschaftskunst nennen. Führte der Großvater Gleichschritt und eisernen Ladestock in der preußischen Infanterie ein, so schuf der Enkel das Paradies von Wörlitz. Suchte der Fürst-General die Nähe des Volkes, »seiner« Soldaten, während er für Kunst und Wissenschaft wenig Sinn zeigte, umgab sich Leopold Friedrich Franz, der aufgeklärte Fürst, mit Geistesgrößen, um seine Wörlitzer Vision wahr werden zu lassen: der Elbe Land abzuringen, Kanäle und Seen zu schaffen, zu pflanzen und zu bauen. Und schließlich: Heiratete der Großvater, der Hofetikette zum Trotz, eine Bürgerliche, so folgte der Enkel dem königlichen Wink des großen Friedrich und ehelichte Prinzessin Louise Henriette Wilhelmine von Brandenburg-Schwedt. Standesgemäß. Doch halt, sicher waren die beiden grundverschieden. Dennoch gab es Dinge, in denen sie sich ähnelten. Und ein solch Ding war, ja, ganz recht, das schöne Geschlecht.

Doch gemach – der Reihe nach.

Also, Leopold III. Friedrich Franz, geboren zu Dessau am 10. August 1740, wurde bereits mit achtzehn Jahren, am 20. Oktober 1758, regierender Fürst und heiratete am 25. Juli 1767 die ihm vom Preußenkönig offerierte Prinzessin Louise. Doch ehe es dazu kam, hatte er manch wichtige Begegnung, traf er manch bedeutsame Entscheidung. Zwar fand er sichtbares Vergnügen an ritterlichen Übungen, an Reiten und Fechten, Wagenlenken und Tanzen. Besonders die Parforcejagd hatte es ihm angetan. Doch sah er schon in ihr so was wie Kunst und nicht die bloße Jagdlust. Zwar kannte er sich aus im Französischen wie in Geschichte, Wissenschaft und Kunst – im Gegensatz zu Großpapa. Jedoch stand sein Sinn nicht nach kriegerischem Tun und »Heldentum«, nach Schlachtenlärm, Tod und Verwüstung. So nahm er denn, vom Kaiser mit achtzehn für volljährig erklärt, seinen Abschied vom Militär. Und pfiff auf fürstlich-anhaltinische Tradition samt Oberstencharge seines Infanterieregiments, das er vom Vater – und im weitesten Sinne vom Großvater – übernommen. Der vorgegebene Grund: »zunehmende, bedenkliche Kränklichkeit«. Na also, nicht verwendungsfähig für Säbelrasseln und Sturmangriff! Er hatte bessere Verwendung für sich und seine Talente. Und bündelte seine Energien und Phantasien für die Regierungsgeschäfte und die Vision von Wörlitz.

Das Schicksal kam ihm dabei zu Hilfe. In Gestalt eines jungen Edelmannes aus Sachsen, der auf dem Dessauer Schloss vorstellig wurde. Sein Name: Friedrich Wilhelm von Erdmannsdorf. Die beiden passten zueinander wie zweieiige Zwillinge. Der junge Fürst, feurig und voller Tatendrang, begeistert für Kunst und Natur, engagiert für sein Fürstentum wie seine Untertanen. Und Erdmannsdorf, Architekt und Baumeister, von aufrechtem Charakter, gewissenhaft und treu, den Freuden des Lebens durchaus nicht verschlossen, jedoch Feind jeder Intrige oder Grobschlächtigkeit. Erdmannsdorf also wurde des Fürsten Studiendirektor, Baumeister und Reisebegleiter. Und war ihm Vertrauter, Ratgeber und Freund. Während gemeinsamer Reisen, durch gemeinsame Projekte und in gemeinsamem Tun wuchs eine Männerfreundschaft von lebenslanger Kraft. Als man den Fürsten, lange nach Erdmannsdorfs Tod, fragte, ob er seinem besten Freund im Park nicht ein Denkmal setzen wolle, entgegnete Leopold Friedrich Franz: »Oh, bewahre! Der gehört da nicht hin! Er steht mir höher! ... Ich bin nie so sehr mit mir zufrieden gewesen, als damals, wo ich ihn zu meinem Freunde wählte. Nie habe ich die Wahl bereut – und so oft ich an ihn denke, fühle ich meine Schuld.«

Mit eben diesem Freunde trat er anno 1763 seine erste große Reise an, die ihn nach England führte. Nachdem die beiden, von Dienerschaft begleitet, in Holland Station gemacht hatten, galt ihr erstes Interesse dem Deich- und Dünenbau sowie der niederländischen Malerschule. Dann ließ sich Leopold, durch Erdmannsdorf beraten und inspiriert, von England gefangen nehmen – ein ganzes Jahr. Und nannte es schon bald sein zweites Vaterland. Und jedermann, mit dem er sprach, spürte den ganz ungestümen Wissensdurst des Fürsten. Ja, der schaute und fragte, um zu lernen: in Fabriken und Manufakturen, auf der Schiffswerft oder im Handelshaus, vom Handwerker oder Bauern, Gelehrten oder Künstler. Er ging in England regelrecht in die Schule. Der größte Eindruck aber, den ihm England machte, das waren Architektur und Landschaftsgestaltung: die Burgen und Schlösser, die weiten Parks, Ackerbau und Viehzucht, Wiesen- und Gartenkultur. Hier schaute und verweilte er. Hier ließ er seine Seele spazieren gehen. Hier entstanden vor seinem inneren Auge Bilder, die er auf die Wörlitzer Landschaft projizierte. Und selbst, nachdem er auf späterer Reisen auch Italien und Frankreich gesehen, blieb England sein Favorit, das Modell für die Vision von Wörlitz.

Für Leopold Friedrich Franz waren seine Reisen alles andere als Kavalierstouren herkömmlicher Art, und also folgte er auch in dieser Hinsicht nicht den Spuren seines Großvaters. Was nicht heißen soll, er sei ein Kostverächter gewesen bezüglich den Vergnügungen des Lebens. Er liebte die Jagd und überließ sich, wie er selbst eingesteht, »von starken Getränken erhitzt, den törichten Zeitvertreiben und den unsinnigsten Wagnissen, so dass meine Leute über unsere Possen oft in das lauteste Gelächter ausbrachen, aber auch für mich zitterten und bebten.«

Fürst Leopold III. Friedrich Franz von Anhalt-Dessau.

(Großvater Leopold lässt grüßen!) »Dem armen Erdmannsdof, feiner organisiert als wir, weniger kräftig und ruhigen Blutes, wurde oft himmelangst ... Er machte mit stets die verdientesten Vorwürfe und brachte mich am leichtesten dadurch zur Besinnung, wenn er mir zurief: Es lebe Dessau, das einen Fürsten braucht!«

Also gelenkt und geleitet, kehrte der Fürst anno 1764 nach Dessau zurück. Aber nicht, um sein Wörlitzer Projekt sofort in Angriff zu nehmen. Zunächst forderte anderes sein Recht – das schöne Geschlecht.

Seine erste Liebe war, wie er seinem Beichtvater, Probst Friedrich Reil, später eingestand, »die reinste und innigste«. Für dieses Mädchen, übrigens eine Bürgerliche, (gezielter Gruß von Großpapa!), für dieses Mädchen war er sogar bereit, auf seinen fürstlich-anhaltiner Thron zu verzichten und mit seinem Weibe als Privatmann in England zu leben. Ganz ohne Untertanen und Leopoldsches Erbe. Alles wäre wohl auch so geworden und die Vision von Wörlitz geplatzt, wenn nicht Friedrich II. ein preußisch-königliches Machtwort gesprochen hätte.

Er präsentierte dem Dessauer Fürsten die hochwohllöblich-standesgemäße Prinzessin Louise Henriette Wilhelmine von Brandenburg-Schwedt. Und Leopold schickte sich drein. Und tatsächlich schien es, als habe er eine gute »Wahl« getroffen. Die Prinzessin war nicht nur höfisch-gebildet, geistreich im Gespräch und von tief religiöser Wesensart, sondern zudem ausnehmend hübsch und von einem gewinnenden Charme. Von ihrer Mitgift, diversen Gütern und etlichem Barvermögen, gar nicht zu reden. Auch ihre ethischen Lebensmaximen stimmten mit denen des Fürsten überein. Sie hatte ein Herz für ihre künftigen Untertanen und eine Ader für soziale Belange. Schließlich bewies sie bereits in den ersten Tagen ihrer Bekanntschaft offene Augen und Ohren für des Fürsten Vision von Wörlitz. Also konnte er sie guten Mutes zur Gemahlin nehmen. Und also ward am 25. Juli 1767 Hochzeit gefeiert. In Berlin, höfischzünftig und mit dem Segen des Preußenkönigs. Schon sehr schnell hatte die junge Fürstin die Sympathien ihrer Untertanen gewonnen. Vor allem durch ihr Engagement für neue soziale Unternehmungen, die bald schon Gestalt annahmen. Als Neubauten. Nicht nur Kirchen und Schulen, sondern auch Kranken- und Armenhäuser, Witwen- und Waisenanstalten. Die Fürstin stand an der Spitze von Stiftungen. Besonders die Waisenkinder und Witwen, die in bitterster Armut und häuslicher Not lebten, lagen dem Fürstenpaar am Herzen. Deshalb errichtete der Fürst eine Witwen- und Waisenkasse, deren Gelder Bedürftigen zugute kamen. Eine Kommission von Medizinern mühte sich um die ärztliche Versorgung in Stadt und Land, während ein neues Krankenhaus,

Fürstin Louise Henriette Wilhelmine von Anhalt-Dessau

zweckmäßig ausgestattet, für arme Handwerker und Bedienstete offen war. Alle Hebammen im Lande wurden kostenlos unterrichtet, um mütterliches Leben zu bewahren und kindliches Leben ans Licht der Welt zu bringen. Solch Tun sprach sich schnell rum im Volk. Und überall, wo sich das Fürstenpaar zeigte, wurde es freudig begrüßt, jubelnd oder verhalten, laut oder leise, je nach Temperament der Untertanen. Da die beiden zudem in der Öffentlichkeit für sich einnahmen durch Aussehen, Auftreten und Aufmachung, galten sie bald weithin nicht nur als schönstes, sondern auch als glückliches Fürstenpaar.

Doch der Schein trog, was letzteres betraf.

Kaum nämlich näherten sich die Flitterwochen ihrem Ende, da vollzog sich auch in der Beziehung der beiden eine Wende. Dem Fürsten ging ein nicht zu verkennender *sentimentaler Platonismus* auf die Nerven, den seine Angetraute mehr und mehr kultivierte. Sie entzog sich ihm sachte, aber merklich und floh – wie Plato – ins *Geistige*, vertiefte sich in religiöse Sphären, folgte den Schwingungen ihrer Seele. Ihr ohnehin vorhandner Eigensinn, der von Zeit zu Zeit und je länger, je öfter, in direkten Starrsinn ausartete, machte ihm schwer zu schaffen. Sie war ihm nicht zu Willen und ließ ihn mehr oder weniger zappeln. Gerade mit alltäglichen Kleinigkeiten verabreichte sie ihm wohl dosierte Backenstreiche wider das einträchtige Miteinander. Lockte ihn vor Müdigkeit der Bettzipfel, gefiel sie sich in wenig temperiertem, lang anhaltendem Klavierspiel. Spürte er Lust, ihr aus einem Buch vorzulesen, brüskierte sie ihn mit auffälliger Unaufmerksamkeit. Und bat er sie, ihm vorzulesen, wählte sie garantiert eine Lektüre, die ihm nicht behagte. Auch umgab sie sich mit Künstlern und Gelehrten, die absolut nicht seiner Kragenweite entsprachen. Ja, er fühlte deren Anwesenheit als Angriff auf seine Person. Besonders ihre religiösen Phantasien waren für ihn schwer nachvollziehbar. Er war ein Mann des Praktischen, der Entscheidung und des möglichst schnellen Resultats und hasste alles »Gesülze«. Und was er besonders hasste, waren die sogenannten »Maulchristen«, die fromm taten, aber ansonsten nichts taten. Für die Allgemeinheit. Nun konnte er von seiner Gemahlin wahrlich nicht behaupten, sie sei von solcher Natur. Nein, sie war Christ vom Herzen her und tat vieles, was das Herz ihr aufgetragen. Und trotzdem ..., ihre Ehe wurde immer mehr zur Formsache, zu einer Äußerlichkeit. Zwar schenkte sie ihm einen Erbprinzen (der allerdings, erst fünfundvierzigjährig, Dessau und die Seinen schon wieder in die Ewigkeit verließ). Aber danach war, was die eheliche Bett-Gemeinschaft anbetraf, Sendepause. Erst schützte sie Migräne und andere innere Unpässlichkeiten vor (die hernach von den Ärzten auch gründlich diagnostiziert und therapiert wurden), dann entzog sie sich ihm gänzlich. Bekannte sich zur *platonischen Liebe*. Ließ Bett Bett sein und wies ihn von der Kante desselben. Doch er, der Fürst, pfiff aufs Plantonische. Und wollte Fleischliches. Und also trennte man sich. Von Tisch und Bett. Nicht aber als regierendes Fürstenpaar. Auf ihren Part im Dessauer Duo wollte Louise Henriette Wilhelmine nicht verzichten. Zwar glänzte sie des öfteren durch längere Abwesenheit vom Hofe. So, wenn sie mit ihrem Auserwählten (Reisebegleiter) Legationsrat von Matthison auf Reisen weilte. Mit ihm, der Reisebeschreibungen und gefühlvolle Lyrik verfasste (das von Beethoven vertonte Gedicht »Adelaide« schrieb), disputierte sie gern und täglich. Wie auch mit Lavater, in dessen Schweizer Anwesen sie mehrere Jahre zu Gast weilten, um über Gott und die Welt, Kunst und Wissenschaft, Charakter und Physiognomie des Menschen zu philosophieren. Aber dann war sie ja auch wieder im Lande. Ganz Fürstin, nicht Gemahlin. Und als Fürstin stand sie Leopold Friedrich Franz zur Seite bei vielen seiner Strebungen. Auch beim »Projekt Wörlitz«.

Das konnte er nun in Angriff nehmen. Seine *Vision* einer Landschaft, gestaltet von Menschenhand.

Sicherlich wäre Vision Vision geblieben, hätte der Großpapa nicht so großzügig-großflächig Vorsorge getroffen. Denn Enkel Leopold Friedrich Franz musste sich weder um adligen Besitz an Gütern und Ländereien kümmern, noch durch Bauernlegen unbeliebt zu machen. Er konnte mit seinem Kleinstaat umgehen wie mit einem einzigen Rittergut. Verfügte über Äcker, Flüsse, Auen und Wälder. Konnte einfach darauf los projektieren. Hatte Baufreiheit. Nur … allein mit *Phantasie* und einem geeigneten *Stück Natur* als Baugrund war's nicht getan. Er brauchte zumindest noch zweierlei: *Geld* und *Verbündete*. Was das *Geld* anlangte, so wurde der Fürst arg gebeutelt. Friedrich II. behandelte Leopold Friedrich Franz, den Militärdienstverweigerer, wie einen Vasall. Der siebenjährige Krieg verschlang enorme Summen. Eine dem Fürstentum auferlegte Kriegssteuer ließ das Land vollends ausbluten. Da der Fürst die Seinen nicht noch mehr belasten wollte, zahlte er die Steuer aus der eigenen Kasse, verkaufte sein väterliches Erbe, das Silbergeschirr und ihm wertvolle Kostbarkeiten aus Familienbesitz. Zu guter Letzt erließ er seinen Untertanen auch noch den Frohnpfennig, um deren Notlage etwas zu lindern. Wollte er also sein Projekt Wörlitz in die Tat umsetzen, musste er – auch finanziell – selbst bluten. Und die *Verbündeten?* Die standen »Gewehr bei Fuß«. Allen voran Erdmannsdorf, der das Projekt mit dem Fürsten stabsmäßig leitete. Ihnen direkt unterstellt war Baudirektor Hesekiel. Von Raumer war für die Bodenkultur verantwortlich. Die Damm- und Uferbauten leitete Förster Wöpke. Für die Gestaltung der Parks wie des Wegesystems stand Gärtnermeister Schoch gerade. Vergessen wir nicht die ungezählten Helfer, die Erde zu bewegen, Dämme aufzuschütten, Wege zu befestigten, zu pflanzen und zu bauen hatten!

Dann konnte es – endlich – losgehen!

Der Fürst hatte schon seit langem mit jenem Landstrich geliebäugelt, der sich nordöstlich von Wörlitz zwischen St. Petri Kirche und mittlerer Elbe erstreckt. Auch bezüglich der schützenden Dämme gegen das Elbehochwasser hatte der Großvater vorgesorgt. Allerdings war diesbezüglich noch vieles zu leisten. In den folgenden Jahren wurden alte Dämme verstärkt und neue aufgeschüttet, ja es entstand eine ganzes Dammsystem zur Flussregulierung und Landgewinnung bis hinein ins Sächsische. Nun war das Terrain abgesteckt und die besonders in England genährten Phantasien konnten Raum greifen. Nach den Plänen des Fürsten und Erdmannsdorfs wuchs eine, den natürlichen Gegebenheiten abgelauschte »neue Landschaft« mit Seen und Kanälen, mit schnurgeraden Alleen oder leicht geschwungenen Baumreihen, mit einladenden Wegen, die ausladende Wiesenflächen umkreisen oder durchqueren. Mit Hecken, die schützen, aber auch optisch trennen oder öffnen. Je nach Lage und

St. Petri Kirche zu Wörlitz.

Blickwinkel. Mit Gehölzen und Baumgruppen. Mit Blühendem und Grünendem, das sich urplötzlich und ganz bewusst zu architektonischen natürlichen Blickachsen wandelt. Und den Blick geradezu suggestiv dorthin lenkt, wo »am Horizont« oder in nächster Nähe eine bildkünstlerisch-plastische oder bauliche Kostbarkeit aus der Erde wächst. Gerade die Bauten, samt und sonders entworfen von Erdmannsdorf, haben gemeinsame Interessen von Fürst und Fürstin wieder zusammengeführt. Wobei die beiden durchaus unterschiedlichen Vorbildern anhingen. Sie war fürs *Klassisch-Italienische*. Er absolut fürs *Neugotisch-Englische*. In Erdmannsdorf fand sie einen kompetenten und streitbaren Verbündeten. Und so schloss man einen Kompromiss, der alle Seiten – mehr oder weniger – zufrieden stellte. Der Fürst kam mit der Landschaft auf seine Kosten. Denn die Parks mit Schlossgarten, Neumarks Garten, Baumgarten, Schochs Insel und Schochs Garten trugen die

Handschrift englischer Landschaftskunst. Und was die Bauten anbetraf, so fühlte sich der Fürst als heimlicher Sieger. Immerhin sind entscheidende Bauwerke, so die neugotische St. Petri Kirche und das Gotische Haus, englisch geprägt, während Schloss, Flora- und Venustempel, Nymphäum und Pantheon klassizistisches Flair verbreiten. Wäre es nach dem Fürsten gegangen, so hätte auch das Schloss neugotisches Format gehabt. Aber in diesem Falle wurde er überstimmt. Er tobte sich dafür in Grotten, unterirdischen Gängen und der Insel Stein aus, einen Vulkan imitierend. Obwohl – Grotten, Vulkane und Gondelfahrten haben durchaus Mediterranes. Wie auch immer, ein Team von Besessenen schuf in einer »Bauzeit« von 36 Jahren zwischen 1764 und 1800 eine geglückte Symbiose von englischen und italienischen, von französischen und holländischen Stilelementen, von Natur und Architektur, von natürlich Gegebenem und menschlichem Zutun. Ein Kleinod von 112 Hektar Fläche, das seinesgleichen sucht in Europa.

Doch wäre diese Schilderung unvollständig, würde man die Rückschläge ignorieren, welche die Naturgewalten den Naturgestaltern beibrachten. Die Elbe war's, die sie liebten und fürchteten. Sie war Lebensnerv *und* Bedrohung zugleich. *Lebensnerv*, weil sie die Landschaft durch ihren Wasserreichtum gliederte und der Pflanzenwelt »zu Trinken« gab. *Bedrohung*, wenn sie, von reißenden Hochwassern aufgeputscht, über die Ufer trat. Obwohl Fürst Franz zusammen mit seinen Experten Raumer und Wöpke einen wahren Dammverbund hatte anlegen lassen, um gegen alle Wasserunbilden gewappnet zu sein. Obwohl an den erhöhten und verstärkten Dämmen

Schutzhügel errichtet waren, auf denen Schuppen standen, die für den Dammschutz erforderliche Utensilien wie Reisigbündel, Bretter, Pfähle und Karren bargen. Obwohl eigens angestellte Dammläufer auf Maulwurfsfang gingen, welche die Dämme in gefährlicher Weise durchlöcherten. Obwohl eine Wallordnung existierte, nach der in Gefahrenzeiten Posten an den Dämmen patrouillierten und bei akuter Gefahr reitende Boten nach Wörlitz preschten, um den Chef des Einssatzstabs, Fürst Leopold Friedrich Franz, Meldung zu machen. Obwohl, obwohl … Trotz aller Vorsorge waren die Wassergewalten nicht aufzuhalten. Was nicht ausschloss, dass eine solche »Hiobsbotschaft«, schriftlich verfasst, an Kraftausdrücken nicht sparte. Selbst, wenn sie an den Fürsten adressiert war. Hier eine Kostprobe aus Förster Wöpkes »Untertänigstem Wasserbericht«:

»Durchlaucht! Ich kann, Gott straf mir, das Wasser nicht länger halten und wenn sie mich nicht zur Hülfe kommen, so lahs ich's, hol' mich der Teufel, lofen zur Schockschwerenoth.«

Anno 1770 war die Elbe nicht mehr zu bändigen. Sie schwoll an bis auf die Höhe der höchsten Dämme, durchbrach an mehreren Stellen das Schutzsystem und überschwemmte das Umfeld von Wörlitz meilenweit. Im östlichen Teil des Parks, der gerade neu angelegt war, schlugen die Wassermassen besonders zu, entwurzelten junge Bäume, entführten Gehölze, nahmen fruchtbaren Boden samt Anpflanzungen mit sich, hinterließen später, nachdem sich das Wasser verzogen, eine schlammige Wüstenei … Der Fürst, der das Toben der Wasser vor Ort beobachtete und seine Anweisungen gab, entdeckte mitten in der reißenden Flut eine Platane, einen damals in

Deutschland seltenen Baum. Als Mann der Tat bestieg er spornstreichs mit Gärtnermeister Schoch einen bereitstehenden Kahn. Ein Fischer ruderte. Die Verfolgungsjagd, die über eine Stunde währte, nahm ihren Lauf. Vorbei an treibenden Gehölzen und Brettern und allerlei Unrat, tanzte der Kahn, oft in der Gefahr, gerammt oder von der Flut mitgerissen zu werden, auf den Hochwassern der Elbe. Mut und Wasserwendigkeit der drei Männer wurden belohnt. Endlich, am Ende der Griesenschen Wiesen, fing man die von der Elbe Entführte wieder ein. Jene Platane, die das Nymphäum wie ein großes grünes Zelt überschattet und ihre Zweige bis weit in den Wörlitzer See eintaucht.

Und wie war das mit seiner Luise? Der zweiten Luise? Seiner außerehelichen Nebenfrau. Oder war sie nicht vielmehr seine Hauptfrau?! Diejenige, mit der er gern und oft das Bett teilte hier in seinem Wörlitzer Paradies. Zwischen Hecken, unter Bäumen, im Venustempel gar? Einem Paradies für die Liebe. Für ihn und Luise Schoch, die Tochter seines Gärtnermeisters. Die Mutter seiner drei (unehelichen) Mädchen. Die er liebte, wie er überhaupt ein Herz für Kinder hatte.

Das Zusammenleben zwischen ihm und seiner angetrauten fürstlichen Louise hatte sich seit ihrer inoffiziellen Trennung grundlegend geändert. Zwar hatte sie fürs Wörlitzer Schloss zusammen mit dem Fürsten und Erdmannsdorf den Grundstein gelegt und das klassizistische Meisterstück Erdmannsdorfs, das am 22. März 1773 vollendet war, selbst bezogen. Dann aber, nachdem ihr der Fürst anno 1780 an ihrem 30. Geburtstag das Schloss Luisium östlich von Dessau geschenkt, war sie liebend gern in das

Erdmannsdorfsche Juwel hinübergewechselt. Samt Friedrich von Matthison, mit dem sie täglich punkt 13 Uhr zu speisen pflegte. Und Fürst Franz richtete sich derweil in Wörlitz »bei den Seinen« häuslich ein. Speiste am liebsten im Gotischen Haus, ganz in der Nähe des Schochschen Anwesens, wo er seine Luise wusste. Sommers über wurden die Mahlzeiten in der Turmkammer genommen, die nur sechs Personen Platz bot. Bei größerer Gelegenheit und mehreren Gästen wählte er auch das repräsentative Schloss. Hier nun sollte es zu jenem Eklat kommen, der das Verhältnis zu seiner angetrauten Louise aufs empfindlichste abkühlte. Eines Tages nämlich saß man in größerer Runde im Schloss zu Tafel. Diesmal mit äußerst seltenem Besuch: der Fürstin nebst ihrem ständigen Begleiter Friedrich von Matthison. Mitten in die illustre Runde platzte auf leisen Sohlen ein Diener herein, eilte schnurstracks zum Sessel des Fürsten, um ihm durchaus hörbar für alle ins Ohr zu flüstern:

Das Gotische Haus, Hauptwohnsitz des Fürsten.

»Exzellenz, ich soll Ihnen die glückliche Geburt eins gesunden Mädchens vermelden. Auch das gnädige Fräulein Luise, was die Mutter ist, befinden sich wohlauf. Meinen untertänigsten Glückwunsch, Exzellenz, wenn Sie gestatten!«

Der Fürst wusste nicht recht, ob er sich freuen oder über den depperten Diener ärgern sollte. Er hob nur nichtssagend die Schultern und meinte:

»Es ist gut!«

Womit er sicher nichts Falsches gesagt hatte. Die übrigen hefteten ihre Blicke wie auf Kommando auf die Fürstin, kaum dass der Diener entschwunden. Und *die*? Reagierte, wie eine fürstliche Ehefrau bei solcher Nachricht reagieren muss: Sie kochte. Erhob sich beinahe unfürstlich unbeherrscht von ihrem Sessel, raffte die Stoffbahnen ihres Kleides zusammen, wedelte erregt mit ihrem Fächer und strafte ihren Fürstgemahl mit einen vernichtenden Blick, um ihm im selben Atemzug den Satz entgegenzuschmettern:

Das Wörlitzer Schloss, Stätte der Begegnung mit Freunden.

Schloss Luisium, Hauptwohnsitz der Fürstin.

»Etwas mehr Contenance hätte ich dem Fürsten, diesem Hause und seiner Dienerschaft doch zugetraut!«

Damit wandte sie sich beinahe militärisch abrupt um, gab ihrem Begleiter durch hoheitsvolles Kopfnicken ein unmissverständliches Zeichen und entschwebte mit den Worten:

»Kommen Sie, Friedrich, in diesem Hause ist unsers Bleibens nicht länger!«

Seit jenem Tage, so sagt man, habe sie das Wörlitzer Schloss nicht wieder betreten. Das Gotische Haus, Lieblingsstätte (oder Liebesstätte?) des Fürsten, schon gar nicht. Sie lebte fortan, der Wörlitzer Gesellschaft den Rücken kehrend, auf Luisium.

Den Fürsten seinerseits gelüstete es durchaus nach einem abendlichen Plausch mit seiner angetrauten Louise. Sie würde es natürlich Konversation oder Disputation nennen. Wenn sie ihn denn zu Worte kommen ließ. Überhaupt erst einmal einließ. In *ihr* Luisium. An dessen Tor er des öfteren anklopfte. Einlass begehrend. Doch sie ließ ihn gewöhnlich warten. Lange warten. Ihre Art von Contenance! Und dann saß er, geduldig, auf harten Steinen, vor dem Tor. Und er fühlte sich dabei ganz sicher nicht als Romeo, der unter dem Fenster seiner geliebten Julia schmachtet. In solch einem Moment pflegte er wohl auch zu scherzen. Seinem Beichtvater, Propst Friedrich Reil, gegenüber, der ihm häufig Gesellschaft leistete zu Füßen des Luisiums (der Luise). Indem er vom »Pantoffelregminent« seiner ihm angetrauten Louise sprach.

Anno 1811 war des Wartens ein Ende. Die Fürstin entschlief. Und er kam nicht mehr ungebeten ins Luisium, in dem er seine letzten Lebensjahre verbrachte. Der Fürstin ließ er am Fuße der nahegelegenen Kirche zu Jonitz ein Grabmahl errichten. Durch eine Sichtachse im Schlosspark hatte er sie immer im Blick. Sechs Jahre später, anno 1817, folgte er ihr in die Ewigkeit. Im Jonitzer Grabmahl ruhen ihre Gebeine – nebeneinander – in Frieden.

Und das Paradies von Wörlitz grüßt herüber.

Kurt Weill und Lotte Lenya
DIE DEN BROADWAY EROBERTEN

Im Geburtenregister der Stadt Dessau kann man unter der Nummer 292 des Jahres 1900 lesen: dem »Kantor und Religionslehrer Albert Weill, wohnhaft in Dessau, Leipziger Straße 59, mosaischer Religion, und der Emma Weill, geborene Ackermann, seiner Ehefrau mosaischer Religion«, ist »am zweiten März des Jahres Tausend neunhundert nachmittags viereinhalb Uhr ein Knabe geboren worden ...«

Dieser Knabe war Curt Julian Weill, Sohn des Kantors der jüdischen Gemeinde Dessau.

Die kirchenmusikalische Ausbildung des jungen Weill im Klavierspiel übernimmt zunächst sein Vater. Doch bereits der Zehnjährige interessiert sich für weltliche Musik und das Herzogliche Hoftheater, das sich den Ruf eines »norddeutschen Bayreuth« erworben hat, weit mehr. Schon als Fünfzehnjähriger nimmt Weill Kompositionsunterricht. Nach dem Abitur geht er nach Berlin, wo der Kontrapunkt, Dirigieren und Kompositionslehre bei Humperdinck studiert. Sein erstes Engagement hat er – neunzehnjährig – als Kapellmeister am Stadttheater Lüdenscheid, wo er sich zwischen Kollo und Wagner austoben kann. Von 1920 bis 1923 ist er Meisterschüler bei Busoni. Eine prägende Zeit. Durch dir Vermittlung des Dirigenten Fritz Busch wird er mit Georg Kaiser bekannt, mit dem ihn eine längere künstlerische Zusammenarbeit verbindet ...

Im Hause Kaiser in Grünheide bei Erkner, unmittelbar am Peetzsee, weilte damals eine junge Schauspielerin und Tänzerin, die aus Zürich nach Berlin gekommen war. Als Karoline Blamauer in Wien geboren und aus proletarischen Verhältnissen stammend, hatte sie bereits als Sechsjährige im Zirkus per Akrobatik und Seiltanz ihren Lebensunterhalt verdienen müssen. Mit vierzehn legte sie sich den Künstlernamen Lotte Lenya zu.

An einem schönen Julitag des Jahres 1924 sagte Georg Kaiser zu Lotte Lenya:

»Oh, Lenya, ich erwarte einen jungen Komponisten, würde es Dir etwas ausmachen, ihn vom Bahnhof abzuholen?«

Lotte Lenya überlegte kurz und sagte sich: Am schnellsten geht's mit dem Boot über den See. Bevor sie seinem Wunsche nachkam, fragte sie:

»Und woran erkenne ich den jungen Mann?«

Er entgegnete, etwas hilflos:

»Ach, die sehen doch alle gleich aus!«

Womit er sicher recht hat, dachte sie, schwang sich in den Ruderkahn gleich hinterm Haus und ließ ihre Muskeln spielen. Rechtzeitig erreichte sie den Bahnhof. Der Zug tuckelte schnaufend ein, und sie ließ ihre Blicke schweifen. Der da, dachte sie, der da, in blauem Anzug und schwarzem Hut, korrekt gekleidet, und mit einer starken Brille im Gesicht, der könnte es sein! Hat zwar was von einem verspäteten Pennäler, aber warum nicht?! Und sie sprach ihn direkt an:

»Sind Sie Herr Weill?«

Prompt kam die Antwort:

»Ja.«

Etwas verdutzt über die Art ihres »Zweisitzers«,

in dem sie ihn bat, Platz zu nehmen, folgte er ihrer Aufforderung. Sicher weit weniger behände als seine weibliche Chauffeuse. Sie griff ins »Holz«, und ihr Gefährt glitt unter ihren gleichmäßigen Ruderschlägen nicht eben schnell, aber auch keineswegs behäbig über die spiegelglatte Wasserstraße. Und während sie ruderte, dachte sie: Typisch deutsch! Die Frau macht die ganze Arbeit, und der Mann schaut drein, als habe er die ganze Arbeit. Und während sie ruderte, sagte er plötzlich den eigentlich banalen und von Männern gern verwandten Satz:

»Wissen Sie, Fräulein Lenya, wir sind uns schon mal begegnet.«

Aber *ihr* kam er gar nicht banal vor. Und *er* meinte auch, was er gesagt.

Zwar entgegnete sie leichthin:

»Ach wirklich? Wo denn?«

Doch schon, indem sie es sagte, wusste sie, dass er recht hatte. Deshalb also war er ihr irgendwie vertraut erschienen, als sie ihn auf dem Bahnhof erblickt. Natürlich, die Brille, seine ruhige Art zu reden, überhaupt: so gar nichts Theatralisches! Ja, sie hatten sich im Theater zum ersten Mal gesehen, als sie sich für die Rolle in seiner »Zaubernacht« vorgestellt.

Während jener Überfahrt auf dem Peetzsee jedenfalls hatte es gefunkt zwischen den beiden. Auch wenn Weill alles andere war, als der stürmische Herzensbrecher. Er war von schüchterner Natur, was nicht heißt, er habe noch keinerlei Erfahrungen gesammelt mit dem schönen Geschlecht. Eine große Liebe war da schon gewesen. Kaum zwei Jahre her. Die Affäre mit Nelly Frank, einer entfernten Cousine. Zudem verheiratet mit einem »stinkend Reichen«.

Zwei Tatsachen, die Weill immer bedrückt hatten. Obwohl drei Jahre älter als Weill und reicher an Erfahrungen in punkto Männerwelt, hatte sie seine Gefühle »auf Zeit« erwidert. Dann kam die für Weill schmerzliche Trennung, die er durch seine Komposition »Frauentanz«, Nelly gewidmet, zu kompensieren suchte.

Nun war Lotte Lenya in sein Leben getreten. Wollte er sich mit ihr nach einer enttäuschten Liebe trösten? Gab es gewisse Ähnlichkeiten? War es nicht vielmehr die Tatsache, dass er nun mit vierundzwanzig flügge geworden, reif für eine feste Bindung? Und dies hieß gleichzeitig, sich von der anderen starken Frau zu lösen, die ihn immer klein gehalten: von seiner Mutter! Und Lotte, das war ihm schon nach ihren ersten Begegnungen klar geworden, die er nun immer häufiger auf neutralem Boden im Hause Kaiser gesucht, Lotte war in verschiedener Hinsicht *ganz anders* als die beiden Frauen vor ihr. *Zum ersten*: Sie war keine Jüdin. Ein Umstand, der in seiner Familie, ja in seiner ganzen näheren Verwandtschaft, die samt und sonders jüdisch verheiratet war, auf Unverständnis stieß. *Zum zweiten:* Lotte war Künstlerin, verbreitete die Aura eines Bohemien. *Zum dritten:* Sie war eine aus dem Volke, rein-proletarisch. *Quintessenz:* Konnte es für ihn, einen wider die bürgerliche Konvention revoltierenden Komponisten, eine bessere Lebensgefährtin geben?!

Konnte es nicht. Und da auch sie an dem bebrillten, schüchternen, professoralen jungen Mann Gefallen fand und sich aus dem ersten Zündfunken eine hell lodernde Flamme speiste, suchten sich beide Ende 1924, noch unverheiratet, eine preiswerte Bleibe. Um dann, am 28. Januar 1926, zu heirateten.

Es existiert ein Schnappschuss. Thema: Das frisch getraute Paar auf dem Wege aus dem Standesamt. Die Braut im langen karierten Mantel, die klassische Verkörperung der zwanziger Jahre. Der Bräutigam in dunklem Anzug nebst Hut, wie immer konventionell, mit einem Tatsch Rabbiner. Aber das ist nur äußerlich. Im Innern ist er ein ganz anderer geworden. Seine Eltern quittieren's mit Abwesenheit. Weills Antwort kommt postwendend. Sein neues Werk »Protagonisten«, das kurz nach ihrer Hochzeit im März Premier hat, widmet er seiner Lotte.

Zwar können sich die Frischvermählten noch keine eigene Wohnung leisten, aber immerhin eine Pension in Zentrumsnähe, am Luisenplatz, wilhelminischer Baustil, nicht weit zu den Theatern am Kurfürstendamm. Dort beziehen sie zwei Räume im dritten Stock: Der eine ein kombiniertes Wohn- und Arbeitszimmer. Dort platziert Weill seinen großen *schwarzen* Flügel, sein Arbeitsmittel, sprich Kompositionsinstrument. Die mit gemieteten Möbel sind sämtlich *pechschwarz* gestrichen, der Schrank »zur Aufhellung« mit bluttriefenden Jagdmotiven dekoriert. Was bleibt der Lenya anders übrig, als zu spotten?! Sie gibt ihrer Wohnung den Namen »Grieneisen«, kleine Reminiszenz an ein bekanntes Berliner *Bestattungsunternehmen.*

Nun, im Alltag, lernt Lotte, die Jungvermählte, ihren Kurt erst richtig kennen. Einen, der, besessen von der Musik, dieser Leidenschaft, die zudem sein Broterwerb ist, beinahe ganztägig frönt. Aus *ihren* Augen stellt sich das so dar:

»Kurt saß immer um neun Uhr am Schreibtisch … vollkommen versunken und wie ein glückliches

Kurt Weill und Lotte Lenya, 1935 nach ihrer Ankunft in New York.

Kind wirkend. Diese tägliche Routine änderte sich nie, außer wenn er zu Proben oder zu auswärtigen Probeaufführungen musste.« Es war immer dasselbe: Sie wartete geduldig mit dem Essen, bis er endlich erschien. »Damals hatte ich am Theater noch nicht viel zu tun. Ich saß am Tisch. Weill kam zum Frühstück; dann kehrte er zu seiner Musik zurück. Zum Mittagessen kam er wieder, und danach ging er erneut zu seiner Musik. Nach ein paar Tagen sagte ich zu ihm: ›Das ist ein schreckliches Leben für mich.

Ich sehe dich nur zu den Mahlzeiten.‹ Er sah mich durch seine dicken Brillengläser an und sagte:‹Aber Lenya, du weißt doch, dass du gleich nach meiner Musik kommst.‹ Das war also mein Platz. Für Weill gab es in Wahrheit nichts anders als seine Musik. Andere Komponisten hatten Hobbys, Schönberg und Gershwin zum Beispiel haben gemalt. Ich glaube, dass für Weil die Musik gleichzeitig Hobby war.«

Doch dieses *professionelle Hobby* zeitigte klingende Früchte. Auch zu Lenyas Vergnügen. Bereits am 27. März fuhr das Ehepaar Weill zu *seiner* ersten Premiere nach der Hochzeit. Zu »Protagonisten«, einer Weill-Kaiser-Produktion, Uraufführung in Dresden. Doch saß *sie* allein im Parkett. *Er* war beschäftigt. Und glänzte während der Uraufführung durch Abwesenheit. Er war wirklich beschäftigt. In der Bar nämlich, nur wenige Schritte vom Opernhaus. Dort war er nicht etwa versackt, nein, er war versunken. Von mehreren Drinks inspiriert, versunken in ein Fachgespräch mit seinem Librettisten Georg Kaiser. Und hatte die Premiere glattweg aus dem Auge verloren. Längst war das Finale verklungen, schon hatte es dreiunddreißig Vorhänge gegeben, als sie der findige Regisseur, ein Mann mit der richtigen Nase für Drinks, ausfindig machte. Er lotste den verdutzten Weill eilends aus der Bar auf die Opernbühne, wo der sich noch mal für zehn Vorhänge krümmen, also verneigen, durfte. Immerhin … mit dieser Premiere hatte sich Weill, dessen Operneinakter in mehreren Städten nachgespielt wurde, einem breiten Publikum als Opernkomponist bekannt gemacht.

Am 18. März des Jahres 1927 übertrug der Berliner Rundfunk Brechts Stück »Mann ist Mann«. Darüber schrieb Weill eine Rezension, die Brecht als »wirklichen Dichter« feierte. Verständlich, dass Brecht neugierig war, den Verfasser solchen Lobes kennen zu lernen.

Schon Anfang April saßen sich die beiden zum ersten Mal Auge in Auge gegenüber. An einem Tisch in »Schlichters Lokal« in der Lutherstraße, einem beliebten Treff von Theaterleuten mit einem unverkennbaren Kick von Boheme. Die Lenya und einige Freunde aus Künstlerkreisen beobachteten die beiden Fanatiker, die sich ähnelten und doch auch wieder grundverschieden waren: Brecht, Sohn eines Augsburger Prokuristen, und Weill, Sohn eines Dessauer Kantors. Beide Rebellen mit den Mitteln der Kunst, des Wortes wie der Noten. Beide aus bürgerlichem Hause, mit dem sie gebrochen. Mit welchem Ergebnis dies erste Vier-Augen-Gespräch endete? Nun, wie in diplomatischen Kreisen üblich und unter Künstlern nicht unüblich, haben sie zunächst wechselseitig Komplimente ausgetauscht. Weill hatte ja schon einen gewissen Vorlauf. Noch während sie dies taten, haben sie den andern ziemlich eingehend taxiert, auf seine Eignung für etwaige gemeinsame Projekte abgeklopft. Und die beiderseitige Begutachtung schien zu beider Zufriedenheit ausgefallen. Denn »seit der Zeit«, weiß Lotte Lenya zu berichten, »besuchten sich Kurt und Brecht recht häufig gegenseitig und sie fingen an, darüber zu reden, was sie alles zusammen machen könnten.«

Ihr erstes Projekt war »Mahagonny«. Eine Oper und doch keine Oper. Denn an die Stelle der Arie trat der Song, und die Operndiva wurde durch eine singende Schauspielerin ersetzt. Denn ihre Art Oper war alles andere als ein kulinarischer Ohren- und

Augenschmaus für den satten Bürger im Parkett. Nein, ihre Art Oper sollte aufrütteln, den Verstand ansprechen, soziale Befindlichkeit artikulieren. Sie wollten nicht einlullen, sondern aufwecken, nicht Mitgefühl, sondern Distanz erwecken. Deshalb nannten sie ihre Art Oper nicht *Singspiel,* sondern *Songspiel.* Und diese Songs beanspruchten lediglich eine einfache Gesangstechnik. Warum sollte sich nicht Lotte Lenya daran versuchen?! Waren ihre dunkle Stimme und der proletarische, an Mietskasernen und Hinterhöfe erinnernde Gestus, den sie ausstrahlte, nicht genau das, was Texter und Komponist wollten?! Eben. Weill brachte ihr die frohe Botschaft nach Hause, ohne sich darüber auszulassen, wer *sie* vorgeschlagen hatte – Brecht oder er, Weill.

Weill und Lenya warteten, leicht nervös und ungeduldig, am Weillschen schwarzen Flügel, dass er endlich kommen möge. Brecht nämlich hatte sich angesagt, um sich in ihrer Bleibe in der Hassforthschen Pension eine Probe zum »Alabama-Song« anzuhören. Da vernahmen sie einen undefinierbaren Lärm, der von draußen zu kommen schien. Er rührte von Brecht und dem Pensionsinhaber »Papa« Hassforth. Letzterer hatte ersterem auf dessen Klingeln geöffnet. Doch nach einem abschätzenden Blick auf die unscheinbare, wenig attraktiv gekleidete Gestalt Brechts erklärt: »Wir geben nichts!« Und dem Dichter die Tür vor der Nase zugeschlagen. Darauf hatte Brecht, vehement protestierend, mit der Faust gegen die Pensionstür gedonnert. Weill, die Treppen nach unten eilend, trennte die beiden Kampfhähne und machte sie einander *namentlich* bekannt. Nach einer gestammelten Entschuldigung des einen und einer unterdrückten Verwünschung des anderen geleitete er Brecht nach oben. Nun, wieder vollkommen konzentriert, lauschte er dem Vortrag: Lenya song-singend, Weill am Flügel begleitend. Als sie geendet, sagte er nur: »Nicht ganz so ägyptisch!« Trat auf Lenya zu, drehte ihre Handflächen nach oben und streckte ihren Arm. »Sein« Gestus zur Anrufung des Mondes von Alabama. Und meinte: »Jetzt wollen wir wirklich arbeiten!« ... Lenya, die ein, wie sie fand, etwas eckiges Englisch sprach, hatte Bedenken gehabt. Aber ihm schien ihre wienerisch gefärbtes Deutsch-Englisch gepasst zu haben. Hatte es. Entsprach ja genau seinen Intensionen – dem Effekt der Verfremdung.

Ihre erste gemeinsame Arbeit, das Songspiel »Mahagonny«, erlebte auf dem Baden-Badener Musikfest im Sommer 1927 seine Premiere. Es war zweifellos das Überraschendste, womit die Veranstalter aufzuwarten hatten. Die Zuschauer staunten nicht schlecht, als Bühnenarbeiter einen Boxring installierten. Dahinein kletterten die singenden und spielenden Akteure: Männer in Cut und Melone, Frauen leicht mondän, mit Strohhüten aufgeputzt. Bildprojektionen von Caspar Neher versinnbildlichten Gewalt und Habgier. »Schräge« Akkorde stimmten ein auf das Spektakel. Dann zogen die Männer »Auf nach Mahagonny«, gefolgt von den Frauen mit dem »Alabama-Song«. Und in der Mitte des Rings stand Lotte Lenya, die ihr Solo sang – mit rauer Stimme, laszivem Gestus, in englischer Sprache mit wienerischem Deutsch-Akzent. Gegen Ende der Aufführung züngelte Unmut durch die Publikumsreihen, und noch bevor der Epilog geendet, standen die Leute auf im Saal, die einen klatschend, die anderen pfeifend und buhend. Die Darsteller antworteten mit Trillerpfeifen. Lotte Lenya schwenkte ein Plakat, auf dem in großen Lettern zu lesen war: »Für Weill«. Die Debatte wurde hernach in der Hotelbar fortgeführt. Ohne Pfeifen und Plakate. Aber nicht minder hitzig. Lotte Lenya mitten unter den Streitbaren. Plötzlich fühlte sie sich beinahe unsanft auf die Schulter geklopft, vernahm ein dröhnendes Gelächter und die an sie gerichtete Frage: »Is here no telephone?« Ein Zitat aus dem »Benares-Song«, den sie gerade zum Besten gegeben. Der schulterklopfende Frager war Otto Klemperer, der bekannte Dirigent an der Berliner Kroll-Oper. Seine Frage wirkte wie eine Initialzündung. Die Lenya stimmte an, die Umstehenden stimmten ein, bis schließlich der ganze Raum erfüllt war vom »Benares-Song«-Gesang. Und die Lenya durchzuckte es: »Die Schlacht ist gewonnen!« Weill wurde beglückwünscht, auch von Komponistenkollegen, die sich beeindruckt zeigten von seiner kompositorischen Kombination aus Raffinesse und Einfachheit. Und manch einer konnte sich nicht verkneifen, seine Verwunderung in die Worte zu kleiden: »Aber dieser Alabama-Song! Der ist ja in G-Dur geschrieben!« Und G-Dur stand für konventionell. Ja, meine Herren, auch mit nur *einem* Kreuz kann man *Dissonanzen* erzeugen!

Schon ein Jahr später folgte der zweite Paukenschlag von Brecht/Weill: die Uraufführung der »Dreigroschenoper« am Schiffbauerdamm-Theater. Und wieder singt (und spielt) die Lenya den Hauptpart. Die Polly, von Meckie, dem Bankräuber und Kanonengeschäftemacher, heimgeführt. An ihrem Hochzeitstag singt sie das Lied der Seeräuber-Jenny: »Meine Herren, heute sehn Sie mich Gläser aufwaschen und ich mache das Bett für jeden und Sie geben einen Penny und ich bedanke mich schnell und Sie sehn meine Lumpen und dies lumpige Hotel und Sie wissen nicht, mit wem Sie reden.« Sie erwartet ihren Auserwählen, den Seeräuber, samt seinem kanonenbewährten Schiff. Und sie weiß, was sie singt, wird kommen wie »das Schiff mit acht Segeln und mit fünfzig Kanonen an Bord«, das entschwindet mit ihr … Die »Dreigroschenoper« brachte den Durchbruch für Brecht, Weill und die Lenya. Selbst Bloch, der die »Oper« ausführlich würdigte, war angetan von der Weillschen Musik, besonders vom Lied der Seeräuber-Jenny, dessen »wunderschönen Rhythmus« und »schicke Melodie« er »bei frohen Anlässen als Nationalhymne« empfahl.

Nachdem die »Dreigroschenoper« gut lief, der edierte Klavierauszug der Partitur Einnahmen brachte und die Lenya plötzlich Rollenangebote erhielt waren die Weills auch finanziell aus dem Schneider. Und konnten sich zweierlei leisten: Erstens bezogen sie eine eigene Wohnung im eleganten Viertel an der Bayernalle, gleich hinterm Reichskanzlerplatz. Zweitens kauften sie sich ein Auto, über das sich Weill freute wie ein Kind über sein schönstes Spielzeug. Das »Spielzeug« war natürlich auch praktisch und brachte sie weit schneller zu Brechts Wohnung. Ein Dachkammeratelier, in das man gelangte, wenn man fünf Treppen nach oben stieg, ein schmales Laufbrett überwand und hernach die schwere Eisentür zum Allerheiligsten aufstemmte. Hier arbeiteten Brecht und Weil intensiv daran, aus dem Kleinen das Große Mahagonny zu machen, eine richtige Oper, die sie »Aufstieg und Fall der Stadt Mahagonny« nannten. Dabei gingen sie im Grundsatz konform, was nicht bedeutet, sie hätten keine divergierenden Positionen gehabt. Mitunter fühlte sich der Komponist vom epischen Dramatiker vergewaltigt, dann wieder der Dramatiker vom Komponisten zum bloßen Librettisten degradiert. Doch das gemeinsame Credo von der neuen Art, politisches Theater zu machen, bündelte ihre künstlerischen Phantasien. Sie akzeptierten einander, ohne je herzliche Freundschaft füreinander zu empfinden.

Bereits im April 1929 war ihre Oper fertig. Doch sollte sich die Uraufführung noch um fast ein Jahr verschieben. Dafür gab es mehrere Gründe. *Einmal* verlangte der Verleger Dr. Emil Hertzka eine Überarbeitung der Oper. Er stieß sich an der allzu freien Behandlung sexueller Szenen und – dies sicher zuerst – an der knallharten moralischen Quintessenz des Ganzen. Die da lautete: Eine Stadt, die sich vollends dem Vergnügen verschreibt, ist zum Untergang verurteilt. Ein mehr als deutliche politische Metapher. Und gerade darin lag der *zweite* Grund für die Verzögerung. In Berlin fand sich kein Theater, das bereit war, »Mahagonny« aufzuführen. Nicht einmal die Kroll-Oper mit Weill-Gönner Klemperer. Man scheute den politischen Zündstoff von »Avantgarde-Opern« in politisch brisanter Zeit *und* zudem das Risiko, einen »Durchfall« beim Publikum und leere Kassen. Nun also sollte endlich Premiere sein. Am 9. März 1930. Am Leipziger Opernhaus.

Die Stimmung war schon vor der Premiere aufgeheizt. Nazis in Braunhemden marschierten vor dem Opernhaus auf, um gegen die Aufführung zu protestieren. Brecht blieb der Uraufführung fern, Weill und Lenya waren anwesend. Während Weill hinter den Kulissen nach dem Rechten sah, saß die Lenya im Parkett, erste Reihe. Zunächst ließ sie sich vom

Geschehen auf der Bühne gefangen nehmen. Doch schon sehr bald spürte sie, dass »etwas Merkwürdiges und Hässliches« durch den Saal kroch. Alfred Polgar, der bekannte Theaterkritiker, beschrieb die Stimmung folgendermaßen:

»Schon am Beginn des Abends, der stürmisch werden sollte, lag Verschiedenes in der Luft. Eine Spannung, eine vorspürende Unruhe, ein hörbares Zurechtrücken der Leidenschaften. Die Gemüter, auch die nichtsahnenden, gaben ein leichtes Brodeln von sich, als stünden sie auf einem Feuer, das sie langsam zum Kochen bringe. Es roch auch stark nach mitgebrachtem Unwillen, der darauf wartete, erregt zu werden, und als diese Erwartung sich nicht rasch genug erfüllte, durch Selbstzündung losging.« Zweifellos haben gerade die Nazis das Ihre zu einer solchen Selbstzündung beigetragen, ja, es ist zu vermuten, dass sie geschlossene Sitzreihen aufgekauft hatten, um den Tumult richtig steuern zu können. Während des Finales brach das Chaos los. Kaum hatten die Sänger ihre Plakate »enthüllt«, Plakate mit Parolen wie »Für höher Preise«, »Für den Krieg aller gegen alle«, »Für die ungerechte Verteilung irdischer Güter«, da machte der Zuschauerraum mobil. Mit, wie Polager schreibt, »kriegerischen Rufen, etwas Nahkampf, Zischen, Händeklatschen, das grimmig klang wie symbolische Maulschellen für die Zischer, begeisterte Erbitterung, erbitterte Begeisterung im Durcheinander ...«

Was hier im Leipziger Opernhaus ausuferte während einer Opernaufführung sollte bald Realität werden auf Straßen und Plätzen. SA marschiert. Der Anfang vom Ende ...

Weills und Lenyas letzte gemeinsame Lebens- und

Schaffensphase, ihre Emigrationzeit in den Vereinigten Staaten, begann 1935. Nach harter Arbeit, Rückschlägen und dem endlichen Aufspüren eines Librettisten in Gestalt von Maxwell Anderson, in dem er einen echten Freund fand, eroberte sich Weill anno 1949 den Broadway. »Lost in the Star«, enthusiastisch gefeiert, erlebte insgesamt 281 Vorstellungen. Am 3. April 1950 stirbt Weill an Herzversagen. Lotte Lenya, Verwandte und seine nächsten Freunde tragen ihn zu Grabe. Maxwell Anderson spricht Worte des Gedenkens: »Viele Jahre lang war es mein Privileg, einen sehr großen Mann zum Freund und Nachbarn zu haben. Ich habe ihn mehr geliebt als jeden anderen Mann, den ich kannte. Und ich denke, er hatte dieser Zeit mehr zu geben als jeder andere Mann, den ich kannte ...«

Wenige Wochen nach Weills Ableben fand ein Gedächtniskonzert mit seinen »amerikanischen Werken« statt. Und am 3. Februar 1951 sang Lotte Lenya in der New Yorker Town Hall einen Querschnitt aus Weills Berliner Theatererfolgen. Ein Konzert von großem Nachhall. Die Lenya machte Weill (und sich) in Amerika und Europa bekannt. Auch mit ihrer Paraderolle aus der »Dreigroschenoper«. In der US-amerikanischen Erstaufführung anno 1955. Nach einer angedachten Laufzeit von drei Monaten blieb das Werk sieben (!) Jahre auf dem Spielplan. In den fünfziger Jahren war sei zweimal in Berlin. Zu Schallplattenaufnehmen mit Weills Songs.

Wahrlich: *Ihre* Stimme hat *ihn* bekannt gemacht in der Welt.

QUELLENVERZEICHNIS

Brandt; Otto: Thomas Müntzer. Sein Leben und seine Schriften. – Jena 1933

Drew, David: Über Kurt Weill.– Frankfurt a.M. 1975

Feist, Peter/Ullmann, Ernst/Brendler, Gerhard: Lucas Cranach.– Berlin 1974

Groehler, Olaf/Erfurth, Helmut: Der Alte Dessauer.– Berlin 1991

Krusenberg, Kurt: G. Ph. Telemann.– Hamburg 1970

Lüdecke, Heinz: Lucas Cranach, d. Ä.– Berlin 1953

Menke, Werner: G. Ph. Telemann.– Wilhelmshaven 1987

Reil, Friedrich: Leopold Friedrich Franz von Anhalt Dessau. – Dessau 1845

Sanders, Roland: Kurt Weill. – München 1980

Schade, Werner: Die Malerfamilie Cranach.– Dresden 1974

Schebera, Jürgen: Kurt Weill, Leben und Werk.– Leipzig 1983

Steinmann, Ulrich: Lucas Cranachs Eheschließung.– Berlin 1968

Telemann, Georg Philipp: Lebens-Lauff und Poetische Gedanken … . – Hamburg 1740

Varnhagen von Ense: Fürst Leopold von Anhalt-Dessau. – Halle 1920

Wolf, Friedrich: Thomas Müntzer, der Mann mit der Regenbogenfahne, Werke Bd. 6. – Berlin und Weimar 1988

BILDNACHWEIS

Alle Vorlagen: Archiv des Autors und Archiv des Verlages.